Gemüse Küche

Frisch, leicht und gesund

Gemüse Küche

Frisch, leicht und gesund

Inhalt

Snacks und Salate 6

Suppen und Eintöpfe 38

Aufläufe und Gratins 58

Gerichte mit Reis und Nudeln 78

Pikante Kuchen 100

Hauptsache Gemüse 122

Rezeptverzeichnis 156

Snacks und Salate

Etwas Leichtes für zwischendurch und nebenbei, als vitaminreiches Abendessen, zur unkomplizierten Gästebewirtung: Kleinigkeiten aus frischem Gemüse passen einfach immer. Hier finden Sie Ideen für jeden Anlaß!

ZWIEBELSALAT MIT ROQUEFORT

Für 4 Portionen:

2 Orangen
1 Apfel
1 Lollo Rosso
300 g Frühlingszwiebeln
50 g Roquefort
80 g Joghurt
2 El Portwein
2 El Kräuteressig
Salz
weißer Pfeffer aus der Mühle

1. Die Orangen so schälen, daß die weiße Haut entfernt wird. Die Filets mit einem scharfen Messer zwischen den Trennhäuten heraus-schneiden. Den Apfel waschen, vierteln, entkernen und in schmale Spalten schneiden. Sofort mit den Orangenfilets mischen.

2. Den Salat putzen, die Blätter abzupfen, waschen und trockenschleudern. Die Frühlingszwiebeln waschen, putzen und in feine Ringe schneiden.

3. Den Roquefort zerbrö-seln und mit dem Joghurt verrühren. Portwein und Essig unterrühren und die Sauce mit Salz und Pfeffer abschmecken.

4. Die Salatblätter auf 4 Teller verteilen, das Obst und die Frühlingszwiebeln darauf anrichten und zum Schluß die Salatsauce dar-überträufeln.

Zubereitungszeit: ca. 15 Minuten
Pro Portion ca. 816 kJ/194 kcal,
6 g Eiweiß, 8 g Fett,
18 g Kohlenhydrate

Eine außergewöhnliche Salatkreation – das Roquefortdressing gibt ihr den letzten Pfiff.

GEMÜSE-TACOS MIT KÄSE-KRÄUTER-CREME

Für 4 Portionen:

100 g Zuckerschoten
100 g Zucchini
200 g Möhren
100 g Kohlrabi
Salz
100 g reifer Gorgonzola
150 g Frischkäse
100 g Joghurt
1 Tl geriebener Meerrettich
Pfeffer aus der Mühle
1/2 Bund Kerbel
1/2 Bund Estragon
4 Taco-Schalen
(Fertigprodukt)

1. Die Zuckerschoten und die Zucchini waschen und putzen. Möhren und Kohlrabi putzen, schälen und in Streifen schneiden. Die Zucchini ebenfalls in Streifen schneiden.
2. Möhren und Kohlrabi getrennt ca. 10 Minuten in leicht gesalzenem Wasser kochen. Die Zuckerschoten ebenfalls in leicht gesalzenem Wasser ca. 5 Minuten und die Zucchinistreifen ca. 2 Minuten garen. Das Gemüse kalt abschrecken und abtropfen lassen.
3. Den Gorgonzola kleinschneiden. Den Frischkäse mit dem Gorgonzola in eine Schüssel geben und mit dem Joghurt glattrühren. Die Käsecreme mit Meerrettich, Salz und Pfeffer pikant abschmecken.
4. Kerbel- und Estragonblätter abzupfen und, bis auf einen kleinen Rest zum Garnieren, kleinhacken. Die Kräuter unter die Käsecreme heben.
5. Die Taco-Schalen mit dem Gemüse und der Käsecreme füllen und im Backofen bei 180°C (Gas Stufe 2/Umluft 160°C) auf der 2. Einschubleiste von unten ca. 5 Minuten erwärmen. Auf Tellern anrichten und servieren.

Zubereitungszeit: ca. 45 Minuten
Pro Portion ca. 2353 kJ/560 kcal, 52 g Eiweiß, 27 g Fett, 1 4 g Kohlenhydrate

Gemüse-Tacos mit Käse-Kräuter-Creme sind ein ideales Gästeessen, das prima vorbereitet werden kann.

BULGARISCHER BAUERNSALAT

Für 4 Portionen:

je 1 rote, gelbe und grüne
Paprikaschote
2 Zwiebeln
10 schwarze Oliven ohne
Stein
100 g Kasseler in Scheiben
1 Zweig Thymian
200 g Schafskäse
3 El Kräuteressig
Salz
Pfeffer aus der Mühle
Paprikapulver
4 El Olivenöl
Kräuter zum Garnieren

1. Die Paprikaschoten
putzen, halbieren, entkernen, waschen und in
Streifen schneiden.
2. Die Zwiebeln pellen
und in Ringe schneiden.
3. Die Oliven in einem
Sieb abtropfen lassen. Das
Kasseler in dünne Streifen
schneiden.
4. Den Thymian waschen,
trockenschütteln und die
Blättchen abzupfen.
5. Den Schafskäse in
Würfel schneiden und mit
dem Thymian, dem
Kasseler, den Oliven, den
Zwiebeln und den Papri-
kastreifen mischen.
6. Den Essig mit Salz,
Pfeffer und Paprikapulver
verrühren. Das Öl unter-
schlagen, die Sauce mit
den Salatzutaten mischen.
7. Den Salat auf Tellern
anrichten und mit Kräutern
garniert servieren.

Zubereitungszeit: ca. 20 Minuten
Pro Portion ca. 1861 kJ/443 kcal,
15 g Eiweiß, 33 g Fett,
14 g Kohlenhydrate

Würzig und bunt: Der Bulgarische Bauernsalat.

MORCHEL-OLIVEN-PFÄNNCHEN

50 g getrocknete Morcheln
300 g eingelegte schwarze
Oliven
4 Knoblauchzehen
6 El Olivenöl
75 ml Sherry
1 kl. getrocknete Chilischote
1 Bd. glatte Petersilie
1 El Tomatenmark

1. Die Morcheln abspülen und ca. 1 1/2 -2 Stunden in Wasser einweichen.
2. Die Oliven in ein Sieb gießen, abtropfen lassen und entsteinen. Die Knoblauchzehen schälen und in Scheiben schneiden. Die Morcheln abgießen, die Flüssigkeit dabei auffangen und die Pilze gut abtropfen lassen.
3. Das Öl in einer Pfanne erhitzen, die Morcheln und den Knoblauch darin andünsten. Anschließend die Oliven dazugeben. Das Ganze unter Wenden ca. 2 Minuten braten.
4. Mit Sherry und 75 ml Einweichflüssigkeit ablöschen. Die Chilischote dazugeben. Alles ca. 5 Minuten erhitzen und dabei die Flüssigkeit verdampfen lassen.
5. Die Petersilie waschen, trockenschütteln, grob hacken und zu den Morcheln geben. Zum Schluss das Tomatenmark unterrühren und die Chilischote herausnehmen. Dazu passt Mischbrot.

Zubereitungszeit: ca. 20 Minuten
Pro Portion ca.: 746 kJ/177 kcal,
3 g E, 10 g F, 8 g KH

SPARGEL-TERRINE

200 g weißer Spargel
600 g grüner Spargel
Salz
Zucker
2 Scheiben Toastbrot
100 ml Milch
3 Eiweiß
200 g Crème fraîche
Pfeffer aus der Mühle
frisch geriebene Muskatnuß
1 Bd. Schnittlauch
Butter für die Form
100 g Hinterschinken

1. Den Spargel waschen, die holzigen Enden abschneiden. Den weißen Spargel ganz schälen, beim grünen Spargel nur die unteren Enden schälen. Den Spargel in leicht gesalzenem und gezuckertem Wasser ca. 10 Minuten garen.

2. Den Spargel abgießen und die Spargelspitzen abschneiden. Die weißen und die grünen Stangen getrennt voneinander mit dem Schneidstab pürieren.

3. Toastbrot in der Milch einweichen. Das Eiweiß steif schlagen. Das grüne Spargelpüree mit der Hälfte des Eiweiß und je zwei Dritteln Brot und Crème fraîche verrühren. Das weiße Spargelpüree mit dem übrigen Eiweiß, restlicher Crème fraîche und restlichem Brot verrühren. Beide Pürees mit Salz, Pfeffer und Muskat würzen.

4. Schnittlauch waschen, trockenschütteln, in Röllchen schneiden und jeweils eine Hälfte unter die Pürees geben.

5. Eine Terrinenform mit Butter ausstreichen. Ein Drittel des grünen Spargelpürees in die Form streichen, einige Spargelspitzen hineindrücken, und mit der Hälfte des weißen Spargelpürees abdecken. Wieder Spargelspitzen hineindrücken. Das restliche Püree in der gleichen Weise einschichten. Die letzte Schicht bildet der Hinterschinken.

6. Die Terrine ca. 25 Minuten im Wasserbad garen. Abkühlen lassen und servieren.

Zubereitungszeit: ca. 1 Stunde
Pro Portioin ca.: 1600 kJ/381 kcal,
22 g E, 22 g F, 16 g KH

MARINIERTE SCHWARZWURZELN

500 g Schwarzwurzeln
Salz
etwas Essig
150 g Kirschtomaten
1 Bd. Frühlingszwiebeln
2 Bd. Schnittlauch
4 El Sherry-Essig
6 El Kürbiskernöl
3 Tl Kapern
Pfeffer aus der Mühle
Zucker

1. Die Schwarzwurzeln gründlich waschen, schälen, nochmals waschen, dritteln und anschließend in kochendem Salzwasser mit einigen Spritzern Essig ca. 15 Minuten garen.
2. Die Kirschtomaten waschen, abtrocknen und halbieren. Frühlingszwiebeln putzen, waschen und in Ringe schneiden. Den Schnittlauch waschen, trockenschütteln und in Röllchen schneiden.
3. Sherry-Essig und Kürbiskernöl mit einem Schneebesen verquirlen. Die Tomaten, die

Frühlingszwiebeln, die Hälfte des Schnittlauchs und die Kapern unterrühren. Das Ganze mit Salz, Pfeffer und Zucker abschmecken.
4. Die Schwarzwurzeln abgießen und fächerförmig auf Tellern anrichten. Den Salat darauf anrichten und mit dem restlichen Schnittlauch bestreut servieren.

Zubereitungszeit: ca. 25 Minuten
Pro Portion ca.: 1491 kJ/355 kcal,
3 g E, 26 g F, 22 g KH

GEBACKENE MAISKOLBEN

4 Maiskolben
Salz
4 Scheiben Parmaschinken
100 g saure Sahne
Chilipulver
4 Scheiben Provolone

1. Den Backofen auf 225 °C vorheizen. Die Blätter und Narbenfäden der Maiskolben entfernen. Die Spitze und den Stielansatz mit einem scharfen Messer abschneiden.
2. Die Maiskolben in leicht gesalzenem Wasser ca. 10 Minuten kochen, dann abtropfen lassen. Die Maiskolben jeweils mit einer Scheibe Schinken umwickeln.
3. Ein Backblech mit Backpapier auslegen. Die Maiskolben darauf geben und auf der mittleren Einschubleiste des

Backofens 20-25 Minuten backen.
4. Die Sahne mit Salz und Chilipulver abschmecken. 5 Minuten vor Ende der Backzeit die Maiskolben mit den Käsescheiben umwickeln und weiter backen.
5. Die Maiskolben mit der Sauce auf Tellern anrichten.

Zubereitungszeit: ca. 45 Minuten
Pro Portion ca.: 1135 kJ/270 kcal,
17 g E, 18 g F, 4 g KH

SPANISCHE PASTETEN

300 g Erbsen (TK-Produkt)
500 g Möhren
1 Knoblauchzehe
30 g Butter
Salz
Pfeffer aus der Mühle
1 Tl Zucker
2 hart gekochte Eier
1 Bd. Petersilie
100 g Crème fraîche
2 El Olivenöl
4 Pastetenformen (Fertig-
produkt)

1. Die Erbsen nach Packungsanweisung zubereiten. Die Möhren putzen, schälen, waschen
und in Scheiben schneiden. Die
Knoblauchzehe pellen und fein
hacken.
2. Die Butter in einer Pfanne
erhitzen, die Möhren darin
andünsten. Die Erbsen und den
Knoblauch dazugeben. Mit Salz,
Pfeffer und Zucker abschmecken.
3. Die Eier pellen und fein
hacken. Die Petersilie waschen,
trockentupfen und fein hacken.

4. Crème fraîche mit Olivenöl,
Eiern und Petersilie verrühren.
Mit Salz und Pfeffer ab-
schmecken. Das Gemüse in die
Pasteten füllen und die Crème-
fraîche-Mischung darüber
geben. Das Ganze im Backofen
bei 120 °C auf der mittleren
Einschubleiste ca. 15 Minuten
backen.

Zubereitungszeit: ca. 35 Minuten
Pro Portion ca.: 1305 kJ/310 kcal,
12 g E, 17 g F, 21 g KH

HERZHAFTER ROHKOSTSALAT

200 g Möhren
1 Kohlrabi
100 g Champignons
100 g Radieschen
1 Kästchen Kresse
200 g Roquefort
125 g saure Sahne
100 g Mayonnaise
1 El Essig
1 El Zitronensaft
Salz
Pfeffer aus der Mühle
100 g TK-Erbsen, aufgetaut

1. Die Möhren putzen, waschen und in Stifte schneiden.
2. Den Kohlrabi schälen und in Stifte schneiden. Die Champignons und die Radieschen putzen und in Scheiben schneiden.
3. Die Kresse vom Beet schneiden, abspülen und trockentupfen.
4. Den Käse mit einer Gabel zerdrücken und mit der Sahne, Mayonnaise, dem Essig und Zitronensaft mit dem Schneidstab des Handrührgerätes pürieren. Mit Salz und Pfeffer kräftig abschmecken.

5. Die vorbereitete Rohkost und die Erbsen auf Tellern anrichten, den Dip dazu servieren.

Zubereitungszeit: ca. 15 Minuten
Pro Protion ca.: 1920 kJ/457 kcal, 16 g E, 32 g F, 15 g KH

CHICOREESALAT MIT MANDARINEN-HONIG-DRESSING

Für 4 Portionen:

*4 Chicoréestauden
(ca. 500 g)
2 rosa Grapefruits
1 Dose Mandarinenfilets
(175 g EW)
2 El Honig
2 El Paprikamark
(im Reformhaus erhältlich)
1 Tl Senf
1 El Sojasauce
Tabasco
Worcestersauce*

1. Die Chicoréestauden putzen, waschen, die Strünke keilförmig heraus-schneiden und die Stau-den in ca. 2 cm breite Streifen schneiden.

2. Die Grapefruits mit ei-nem scharfen Messer so schälen, daß die weiße Haut ganz entfernt wird. Die Filets zwischen den Trennhäuten vorsichtig herauslösen (siehe S. 127).

3. Die Grapefruitfilets in einer Schüssel mit dem Chicorée mischen.

4. Die Dosenmandarinen in ein Sieb geben und gut abtropfen lassen. Den Saft auffangen. Die Mandarinen unter den Salat heben.

5. Senf und Paprikamark mit 70 ml Mandarinensaft verrühren. Die Sauce mit Salz, Tabasco und Worce-stersauce abschmecken.

6. Den Salat mit der Sau-ce mischen und servieren.

Zubereitungszeit: ca. 20 Minuten
Pro Portion ca. 614 kJ/146 kcal,
2 g Eiweiß, 1 g Fett,
27 g Kohlenhydrate

Ein knackiger Salat mit einem nicht ganz alltäglichen Dressing.

GLASIERTE MÖHREN MIT PIKANTER SAUCE

1 kg kleine Möhren mit Grün
Salz
100 g Zucker
1 El Zitronensaft
2 hart gekochte Eier
1 Schalotte
2 Cornichons
40 g Kapern
1 Tl süßer Senf
1/2 Bd. Petersilie, gehackt
150 g Crème fraîche
Pfeffer aus der Mühle

1. Die Möhren putzen, waschen, das Grün bis auf ca. 1 cm abschneiden, etwas Grün beiseite legen. Die Möhren in leicht gesalzenem Wasser ca. 8 Minuten kochen und anschließend abtropfen lassen.
2. Zucker in einer Pfanne schmelzen lassen, Zitronensaft und ca. 80 ml Wasser hineingießen. Die Möhren kurz darin schwenken.
3. Eier pellen und fein hacken. Die Schalotte schälen und in Würfel schneiden. Die Cornichons in kleine Würfel schneiden. Die Kapern fein hacken.

Alles mit Senf, Petersilie und Crème fraîche verrühren. Mit Salz und Pfeffer abschmecken.
4. Die Möhren und die Sauce mit Möhrengrün garniert anrichten.

Zubereitungszeit: ca. 40 Minuten
Pro Portion ca.: 1132 kJ/269 kcal,
7 g E, 5 g F, 45 g KH

PIKANTER BROTAUFSTRICH

Für 4 Portionen:

250 g Frischkäse
2 El Leinsamen
2 El Sahne
2 Tl Chilisauce
Salz
Pfeffer aus der Mühle
1/2 Bund Koriandergrün
75 g Sojasprossen
75 g Alfalfasprossen
100 g Cocktailtomaten
4 Scheiben Mehrkornbrot

1. Den Frischkäse mit dem Leinsamen und der Sahne in einer Schüssel verrühren. Die Chilisauce dazugeben und mit Salz und Pfeffer abschmecken.
2. Das Koriandergrün waschen, trockenschütteln, die Blättchen abzupfen und unter den Frischkäse rühren.
3. Die Sprossen waschen und gut abtropfen lassen.
4. Die Tomaten waschen und vierteln.
5. Die Brotscheiben mit dem Frischkäse bestreichen, die Sprossen darauf verteilen und mit den Tomaten garnieren.

Zubereitungszeit: ca.15 Minuten
Pro Portion ca. 1264 kJ/301 kcal,
14 g Eiweiß, 14 g Fett,
25 g Kohlenhydrate

Vorschlag für ein komplettes Frühstück:
Pikanter Brotaufstrich auf Mehrkornbrot, Kaffee oder Tee, je 1 Glas Tomatensaft und je 1 Vollkornbrötchen mit Käse.

Pikanter Brotaufstrich auf Mehrkornbrot – die Garnierung sorgt für die notwendigen Vitamine.

TOMATEN-CRÊPES

200 g Lauch
4 Tomaten
2 Möhren
2 El Zitronensaft
4 Eier
300 ml Milch
150 g Buchweizenmehl
Salz
Pfeffer aus der Mühle
4 El Öl
50 g Bacon, gewürfelt
50 g Salami, gewürfelt

1. Lauch und Tomaten putzen, waschen und in Scheiben schneiden.
2. Die Möhren putzen, schälen, waschen, grob raspeln und mit Zitronensaft beträufeln. Eier mit Milch und Buchweizenmehl verrühren mit Salz und Pfeffer würzen.
3. 1 El Öl in einer Pfanne erhitzen, ein Viertel des Teiges darin stocken lassen. Die Crêpes wenden, goldbraun braten und warm stellen.

4. Aus dem restlichen Teig weitere Crêpes backen.
5. Den Lauch in dem verbliebenen Bratfett kurz andünsten. Die Tomaten, die Möhren, den Bacon und die Salami zufügen.
6. Gemüse auf die Pfannkuchen geben, mit grobem Pfeffer bestreuen.

Zubereitungszeit: ca. 40 Minuten
Pro Portion ca.: 2100 kJ/500 kcal,
21 g E, 23 g F, 42 g KH

SPINATMOUSSE

150 g Spinat
2 Knoblauchzehen
2 El Butter
Salz
Pfeffer aus der Mühle
frisch ger. Muskatnuß
4 hart gekochte Eier
125 ml süße Sahne
2 Blatt aufgelöste Gelatine
Feldsalatblätter zum Anrichten
100 g Keta Kaviar

1. Den Spinat waschen und verlesen. Die Knoblauchzehen schälen und durchpressen.
2. Die Butter in einem Topf erhitzen und Spinat mit dem Knoblauch darin andünsten, bis der Spinat zusammenfällt. Mit Salz und Pfeffer würzen.
3. Eier pellen und klein hacken. Eier und Spinat mit dem Schneidstab des Handrührgerätes pürieren.
4. Die Sahne mit etwas Salz, Pfeffer und Muskat würzen und steif schlagen. Die Sahne mit

der Gelatine unter die Eiermasse ziehen. Im Kühlschrank fest werden lassen.
5. Den Feldsalat waschen und trocknen. Die Salatblätter auf Teller verteilen. Aus der Eiermasse Nocken ausstechen und auf dem Feldsalat anrichten. Den Kaviar darüber geben und servieren.

Zubereitungszeit: ca. 2 Stunden
Pro Portion ca.: 1247 kJ/297 kcal,
16 g E, 22 g F, 3 g KH

GAPERON AUF MARINIERTEN PILZEN

Für 4 Portionen:

500 g Austernpilze
1 Zweig Rosmarin
1 Zweig Salbei
5 El Olivenöl
4 El Himbeeressig
Meersalz aus der Mühle
Pfeffer aus der Mühle
1 Prise Zucker
1 Knoblauchzehe
200 g Gaperon

1. Die Pilze kurz abbrausen, trockentupfen und in Scheiben schneiden. Die Kräuter waschen und trockenschütteln, die Blättchen abzupfen. Das Öl in einer Pfanne erhitzen und die Pilze hellbraun anbraten.

2. Den Essig dazugießen und die Kräuter dazugeben. Einige Blättchen zum Garnieren zurückbehalten. Das Ganze kurz aufkochen lassen, mit Salz, Pfeffer und Zucker abschmecken.

3. Die Pilze abkühlen lassen und mindesten 2 Stunden marinieren lassen.

4. Die Knoblauchzehe pellen und vier Dessertschalen mit Knoblauch einreiben. Die Pilze darauf verteilen. Den Käse darüber hobeln und mit den Kräutern garniert servieren.

Zubereitungszeit (ohne Zeit zum Marinieren): ca. 20 Minuten
Pro Portion ca. 1506 kJ/358 kcal,
16 g Eiweiß, 28 g Fett,
4 g Kohlenhydrate

Die einfachsten Gerichte sind oft die besten: Marinierte Austernpilze mit gehobeltem Gaperon.

LINSENSALAT

250 g rote Linsen
Salz
1 Kopfsalat
1 Bd. Frühlingszwiebeln
1 Bd. Estragon
6 El Rotwein-Essig
1 Tl Kräutersenf
Pfeffer aus der Mühle
Zucker
4 El Öl
100 ml süße Sahne
3 Knoblauchzehen
4 Scheiben Toastbrot

1. Die Linsen waschen, in kochendem Salzwasser einmal aufkochen, dann ca. 7 Minuten ausquellen lassen. Abgießen, kalt abschrecken und abtropfen lassen.
2. Den Salat putzen, waschen und trockenschleudern. Die Blätter in mundgerechte Stücke zupfen.
3. Frühlingszwiebeln putzen, waschen und in feine Ringe schneiden. Estragon waschen, trockentupfen und die Blättchen abzupfen.
4. Die Linsen mit dem Salat und den Frühlingszwiebeln mischen. Essig mit Senf,

Pfeffer, Zucker, Öl, Sahne und Estragon verrühren und mit dem Salat mischen.
5. Knoblauchzehen pellen und fein hacken. Toastscheiben würfeln, mit dem Knoblauch in einer Pfanne ohne Fett anrösten und über den Salat streuen.

Zubereitungszeit: ca. 30 Minuten
Pro Portion ca.: 1719 kJ/409 kcal,
18 g E, 13 g F, 48 g KH

ZUCKERSCHOTEN
MIT RINDFLEISCH

400 g Zuckerschoten
Salz
300 g gekochtes Rindfleisch
2 Gewürzgurken
1 Zwiebel
3 El Essig
Pfeffer aus der Mühle
2 Tl scharfer Senf
5 El Öl

1. Die Zuckerschoten putzen, waschen und schräg in 2 cm lange Stücke schneiden. Die Zuckerschoten in kochendem Salzwasser ca. 4 Minuten garen.
2. Die Zuckerschoten abtropfen und abkühlen lassen. Das Rindfleisch in ca. 2 cm große Würfel schneiden. Die Gurken abtropfen lassen und in Scheiben schneiden. Die

Zwiebel schälen und in Ringe schneiden.
3. Aus Essig, Salz, Pfeffer, Senf und Öl eine cremige Marinade rühren. Die Salatzutaten mit der Marinade mischen und kurz durchziehen lassen.

Zubereitungszeit: 15 Minuten
Pro Portion ca.: 1135 kJ/270 kcal,
17 g E, 18 g F, 4 g KH

SÜSS-SAURE ROTE BETE

8 Knollen Rote Bete
Salz
375 ml Weinessig
125 g Zucker
40 g Kürbiskerne
4 El Olivenöl
150 g Schmand
Kopfsalat zum Garnieren

1. Wurzeln und Blätter der Rote-Bete-Knollen auf ca. 3 cm Länge kürzen. Die Knollen gründlich abbürsten und in kochendem Salzwasser ca. 40 Minuten garen.

2. Die Rote Bete anschließend mit kaltem Wasser abschrecken und schälen. Knollen je nach Größe halbieren oder vierteln.

3. Essig und Zucker unter Rühren aufkochen lassen, bis sich der Zucker vollständig aufgelöst hat. Dann die Rote Bete damit begießen und zugedeckt

ca. 30 Minuten ziehen lassen. Anschließend herausnehmen.

4. Kürbiskerne in einer Pfanne ohne Fett rösten.

5. Olivenöl und 6 El der Marinade verrühren. Kürbiskerne zufügen. Rote Bete und Schmand mit einigen Salat-Blättern auf Tellern anrichten. Die Kürbiskernmischung darauf verteilen.

Zubereitungszeit: ca. 1 1/4 Stunden
Pro Portion ca.: 1890 kJ/450 kcal,
7 g E, 22 g F, 50 g KH

ARTISCHOCKEN-PLÄTZCHEN

*12 Artischockenböden aus der
Dose
3 El Olivenöl
1/2 Tl Salz
schwarzer Pfeffer aus der Mühle
1/2 Tl getrockneter Oregano
4 Tomaten
2 Zwiebeln
80 g grüne Oliven mit
Paprikafüllung
50 g Salami
250 g Mozzarella
Basilikum zum Garnieren*

1. Die Artischockenböden
abtropfen lassen. Das Öl mit
Salz, Pfeffer und Oregano verrühren. Die Artischockenböden
damit bestreichen.
2. Die Tomaten waschen und
in Scheiben schneiden. Die
Zwiebeln schälen und in Ringe
schneiden. Die Oliven abtropfen
lassen und in Scheiben schneiden. Die Salami in kleine Würfel
schneiden. Den Mozzarella in
Scheiben schneiden.
3. Den Backofen auf 200 °C
vorheizen. Ein Backblech mit
Backpapier auslegen. Die

Artischockenböden darauf set-
zen und mit Tomatenscheiben,
Zwiebelringen, Olivenscheiben
und Salamiwürfeln belegen. Mit
Salz und Pfeffer würzen. Den
Mozzarella drüber legen.
4. Das Ganze im Backofen ca.
10 Minuten überbacken. Die
Artischockenplätzchen mit
Basilikumblättchen garnieren.

Zubereitungszeit: ca. 25 Minuten
Pro Portion ca.: 1993 kJ 474 kcal,
19 g E, 34 g F, 15 g KH

GEBACKENE SCHWARZWURZELN MIT SALBEISAUCE

500 g Schwarzwurzeln
Salz
einige Spritzer Essig
1 Ei
75 g Mehl
120 ml Weißwein
1 Tl Öl
2 El Zucker
1 El Butter
50 ml Gemüsebrühe
50 g Parmaschinken in
Scheiben
1 Bd. Salbei
250 g süße Sahne
1 El heller Saucenbinder
Pfeffer aus der Mühle
Fett zum Frittieren

1. Die Schwarzwurzeln waschen, schälen, waschen, halbieren und in kochendem Salzwasser mit einigen Spritzern Essig ca. 12 Minuten kochen.

2. Eigelb und Eiweiß trennen. Aus Mehl, 70 ml Weißwein, Eigelb, Öl und Salz einen glatten Teig rühren und dann ca. 10 Minuten quellen lassen.

3. Das Eiweiß mit dem Zucker steif schlagen und vorsichtig unter den Teig heben. Die Schwarzwurzeln abtropfen lassen.

4. Die Butter in einem Topf erhitzen. Den restlichen Weißwein und die Gemüsebrühe dazugießen und aufkochen lassen.

5. Parmaschinken in schmale Streifen schneiden. Salbei waschen, trockenschütteln und ebenfalls in schmale Streifen schneiden.

6. Die Sahne, den Parmaschinken und die Hälfte der Salbeistreifen unter die Sauce rühren. Die Sauce kurz aufkochen lassen, Saucenbinder unterrühren und mit Salz und Pfeffer würzen.

7. Die Schwarzwurzelstücke in dem Teig wenden und in heißem Frittierfett goldbraun ausbacken.

8. Die Schwarzwurzeln mit der Salbeisauce auf Tellern anrichten, mit den restlichen Salbeiblättchen garniert servieren.

Zubereitungszeit: ca. 35 Minuten
Pro Portion ca.: 1885 kJ/449 kcal,
9 g E, 24 g F, 39 g KH

Dieser Salat sorgt im Winter für die nötigen Vitamine: Selleriesalat mit Apfel, Rosinen, gehackten Nüssen und viel Schnittlauch.

APFEL-SELLERIE-SALAT

Für 4 Portionen:

350 g Knollensellerie
1 Apfel
2 El Zitronensaft
2 El Rosinen
2 El gehackte Haselnüsse
150 g Joghurt
2 El Mayonnaise
2 El Essig
Salz
Pfeffer aus der Mühle
1 Bund Schnittlauch

1. Den Sellerie putzen, schälen, waschen und grob raspeln.
2. Den Apfel schälen, vierteln und das Kerngehäuse entfernen. Den Apfel ebenfalls grob raspeln, mit dem Sellerie und dem Zitronensaft vermischen.
3. Die Rosinen und die Haselnüsse dazugeben.
4. Den Joghurt mit der Mayonnaise glattrühren und mit dem Essig und Salz und Pfeffer abschmekken.

5. Den Salat mit der Sauce mischen und ca. 1 Stunde ziehen lassen.
6. Den Schnittlauch waschen, trockenschütteln und in feine Röllchen schneiden.
7. Den Salat auf Tellern anrichten und mit Schnittlauch bestreut servieren.

Zubereitungszeit (ohne Zeit zum Durchziehen): ca. 20 Minuten
Pro Portion ca. 865 kJ/206 kcal,
4 g Eiweiß, 12 g Fett,
15 g Kohlenhydrate

Knackiges Sommergemüse in einer süß-sauren Marinade, dazu würziger Schafskäse.

SÜSS-SAURES GEMÜSE MIT SCHAFSKÄSE

Für 4 Portionen:

500 g Auberginen
Salz
200 g Staudensellerie
6 kleine rote Zwiebeln
7 El Knoblauchöl
400 g Tomaten
50 g Kapern
2 El Zucker
1 El Rosinen
10 g gehackte Pinienkerne
100 ml Balsamessig
Pfeffer aus der Mühle
200 g Schafskäse
Kräuter zum Garnieren

1. Die Auberginen waschen, in Scheiben schneiden und von beiden Seiten mit Salz bestreuen. Ca. 20 Minuten durchziehen lassen.

2. Sellerie putzen, waschen, in Stücke schneiden und längs halbieren Die Zwiebeln pellen und in Ringe schneiden.

3. Die Auberginen mit Küchenpapier trockentupfen. Das Öl in einer Pfanne erhitzen und die Auberginenscheiben darin portionsweise anbraten. Auf Küchenpapier abtropfen lassen.

4. Die Tomaten waschen, kreuzweise einritzen, kurz in siedenes Wasser tauchen, häuten, halbieren, entkernen und in Stücke schneiden.

5. Zwiebeln, Sellerie und Tomaten im Bratfett andünsten. Auberginen, Kapern, Zucker, Rosinen, Pinenkerne und Essig hinzufügen. Ca. 10 Minuten zugedeckt weiterschmoren lassen. Mit Salz und Pfeffer abschmecken.

6. Das Gemüse abkühlen lassen, auf Tellern anrichten, den Schafskäse darüber zerbröseln und mit Kräutern garniert servieren.

Zubereitungszeit: ca. 45 Minuten
Pro Portion ca. 2082 kJ/495 kcal,
13 g Eiweiß, 38 g Fett,
19 g Kohlenhydrate

Käse-Rosenkohl-Salat: Ein deftiger Wintersalat mit Wurst und Gouda.

KÄSE-ROSENKOHL-SALAT

Für 4 Portionen:

750 g Rosenkohl
Salz
3 El Kräuteressig
Pfeffer aus der Mühle
4 El Traubenkernöl
1 Zwiebel
1 Knoblauchzehe
1 Tl Kümmel
1 Bund Petersilie
100 g Fleischwurst
100 g Gouda
Kräuter zum Garnieren

1. Den Rosenkohl putzen und waschen. Die Röschen halbieren und in kochendem Salzwasser in ca. 5 Minuten garen.
2. Inzwischen den Essig mit Salz und Pfeffer verrühren. Das Öl anschließend unterschlagen.
3. Die Zwiebel und die Knoblauchzehe pellen und fein hacken. Mit dem Kümmel unter die Marinade rühren.
4. Die Petersilie waschen, trockenschütteln, die Blättchen abzupfen und diese

fein hacken. Gehackte Petersilie ebenfalls unter die Marinade rühren.
5. Den Rosenkohl abgießen, abtropfen lassen und noch warm mit der Marinade mischen. Zugedeckt abkühlen lassen.
6. Die Fleischwurst und den Käse in kleine Würfel schneiden und unter den Salat heben. Den Rosenkohl-Salat ca. 10 Minuten durchziehen lassen und anschließend mit Kräutern garniert servieren.

Zubereitungszeit (ohne Zeit zum Durchziehen): ca. 20 Minuten
Pro Portion ca. 1634 kJ/389 kcal,
17 g Eiweiß, 29 g Fett,
8 g Kohlenhydrate

PAPRIKAMOUSSE

1 kl. rote Paprikaschote
1 kl. gelbe Paprikaschote
1 kl. grüne Paprikaschote
1 El Butter
1 El Salz
1 El trockener Weißwein
250 ml Gemüsebrühe
5 Blatt weiße Gelatine
2 El Sojasauce
2 El Zitronensaft
Cayennepfeffer
8 Scheiben Dreikorntoast

1. Die Paprikaschoten halbieren, die Kerne entfernen, die Schoten waschen und in Streifen schneiden.
2. Die Butter in einer Pfanne erhitzen und die Paprikawürfel darin dünsten. Mit Salz würzen. Das Gemüse mit dem Wein und der Brühe angießen und ca. 15 Minuten köcheln lassen. Die Gelatine in kaltem Wasser einweichen.
3. Paprikaschoten und Flüssigkeit mit dem Schneidstab des Handrührgerätes

pürieren. Das Püree mit Sojasauce, Zitronensaft und Cayennepfeffer abschmecken.
4. Gelatine ausdrücken und in dem Püree unter Rühren auflösen. Die Creme kalt stellen, bis sie zu gelieren beginnt.
5. Die Paprikamousse mit dem getoasteten Brot servieren.

Zubereitungszeit: ca. 3 Stunden
Pro Portion ca.: 763 kJ/181 kcal,
12 g E, 5 g F, 17 g KH

KNUSPRIGE FENCHELTALER

4 Fenchelknollen
Saft von 1 Zitrone
Salz
1 rote Paprikaschote
1 Zwiebel
1 Bd. Radieschen
1 Bd. glatte Petersilie
300 g Vollmilch-Joghurt
200 g Doppelrahm-Frischkäse
Pfeffer aus der Mühle
Paprikapulver, edelsüß
2 Eier
50 g gemahlene Walnüsse
100 g Cornflakes
30 g frisch ger. Parmesan
3 El Roggenmehl
7 El Öl

1. Den Fenchel putzen, waschen, in gleich dicke Scheiben schneiden und dann mit etwas Zitronensaft beträufeln.
2. Den Fenchel in kochendem Salzwasser ca. 4 Minuten kochen. Mit einer Schaumkelle herausnehmen, mit kaltem Wasser abschrecken und abtropfen lassen.
3. Die Paprikaschote putzen, waschen und in Würfel schneiden. Die Zwiebel schälen und in Ringe schneiden.
4. Die Radieschen putzen, waschen und in Scheiben schneiden. Die Petersilie waschen, trockenschütteln und fein hacken.
5. Den Joghurt mit dem Frischkäse verrühren und mit Salz, Pfeffer, Paprikapulver und Zitronensaft abschmecken. Die Paprikawürfel, die Zwiebelringe, Radieschen und die Petersilie unterrühren.

6. Die Eier mit Pfeffer verquirlen. Die Walnüsse, Cornflakes und den Parmesan mischen.
7. Die Fenchelscheiben zuerst in Mehl wenden, das überschüssige Mehl abklopfen, anschließend im verquirlten Ei und zum Schluss in der Nuss-Käse-Mischung wenden.
8. Das Öl in einer Pfanne erhitzen und die panierten Fenchelscheiben portionsweise von jeder Seite ca. 3 Minuten braten. Nach dem Braten auf Küchenpapier abtropfen lassen.
9. Die Fenchelscheiben mit der Joghurtsauce auf Tellern anrichten.

Zubereitungszeit: ca. 30 Minuten
Pro Portion ca.: 2642 kJ/629 kcal,
22 g E, 38 g F, 41 g KH

Ein köstlicher Wintersalat: Frische Schwarzwurzeln mit Speck und Provolone.

Die Schwarzwurzeln unter fließendem kalten Wasser mit dem Sparschäler schälen.

Mit einem scharfen Messer die Schwarzwurzeln dann in ca. 5 cm lange Stücke schneiden.

Die Schwarzwurzelstücke in kochendes Salz-Essig-Wasser geben.

Die Schwarzwurzeln in ein Sieb geben und abtropfen lassen.

SCHWARZWURZEL-SALAT

Für 4 Portionen:

Salz
2 El Essig
500 g Schwarzwurzeln
200 g kleine Champignons
100 g durchwachsener Speck
150 g Provolone (italieni-scher Hartkäse)
3 El Rotweinessig
Pfeffer aus der Mühle
3 El Olivenöl
Kräuter zum Garnieren

1. Salz und Essig in 1 l Wasser geben und zum Kochen bringen. Die Schwarzwurzeln schälen, in Stücke schneiden und direkt ins kochende Wasser geben. Ca. 15 Minuten köcheln.
2. Inzwischen die Champignons putzen. Den Speck in feine Würfel schneiden und in einer Pfanne auslassen. Die Champignons dazugeben und sie unter Rühren ca. 10 Minuten braten, bis die Flüssigkeit verdampft ist. Abkühlen lassen.
3. Die Schwarzwurzeln

herausnehmen und ab-kühlen lassen.
4. Den Käse in kleine Würfel schneiden. Alle Sa-latzutaten vermengen.
5. Den Weinessig mit Salz und Pfeffer würzen. Das Öl unterrühren und die Sauce unter die Salatzutaten mi-schen. Den Salat etwas durchziehen lassen, an-richten und mit Kräutern garniert servieren.

Zubereitungszeit (ohne Zeit zum Abkühlen und Durchziehen): ca. 30 Minuten
Pro Portion ca. 1722 g Eiweiß, 27 g Fett, 17 g Kohlenhydrate

FRÜHLINGSSALAT

Für 4 Portionen:

200 g Spinat
250 g Möhren
1 kleiner Kohlrabi
50 g Radieschensprossen
2 El Orangensaft
2 El Obstessig
1/2 Tl Sardellenpaste
Salz
Pfeffer aus der Mühle
4 El Öl
1 Bund Schnittlauch
1/2 Schalotte
1 hartgekochtes Ei
1 El Kapern

1. Den Spinat putzen, waschen und trockenschleudern.

2. Die Möhren und den Kohlrabi schälen und grob raspeln.

3. Die Radieschensprossen abspülen und gut abtropfen lassen.

4. Vier Teller mit den Spinatblättern auslegen. Die Möhren- und Kohlrabiraspeln mit den Radieschensprossen mischen und auf den Spinatblättern verteilen.

5. Den Orangensaft mit dem Obstessig und der Sardellenpaste verrühren. Mit Salz und Pfeffer würzen. Das Öl nach und nach unterrühren.

6. Den Schnittlauch waschen, trockenschütteln und in feine Röllchen schneiden. Etwas Schnittlauch zum Garnieren zurückbehalten. Die Schalotte pellen und fein hakken. Das Ei pellen und in feine Würfel schneiden. Die Kapern zerdrücken. Alles unter die Salatsauce rühren.

7. Die Sauce über dem Salat portionsweise verteilen und den Salat mit Schnittlauch garniert servieren.

Zubereitungszeit: ca. 20 Minuten
Pro Portion ca. 1145 kJ/272 kcal,
5 g Eiweiß, 22 g Fett,
8 g Kohlenhydrate

Radieschensprossen geben mit ihrem typischen Geschmack dem Salat eine besondere Note.

HERZHAFTER SPINAT

500 g Spinat
3 Zwiebeln
2 Möhren
1 Knoblauchzehe
40 g Butter
Salz
Pfeffer aus der Mühle
frisch gemahlene Muskatnuß
4 Scheiben Leberkäse

1. Den Spinat waschen und verlesen. Die Zwiebeln schälen und in Ringe schneiden. Die Möhren putzen, waschen und in Scheiben schneiden. Die Knoblauchzehe pellen und fein hacken.
2. 2 El Butter in einer Pfanne erhitzen. Die Zwiebeln, die Möhren und den Knoblauch darin andünsten. Den Spinat dazugeben und dünsten, bis er zusammengefallen ist. Mit Salz, Pfeffer und Muskat würzen.

3. Die restliche Butter in einer anderen Pfanne erhitzen und die Leberkäsescheiben darin von beiden Seiten anbraten.
4. Den Leberkäse auf Tellern anrichten, das Gemüse darauf verteilen und servieren.

Zubereitungszeit: ca. 20 Minuten
Pro Portion ca.: 3142 kJ/748 kcal,
35 g E, 60 g F, 5 g KH

Die Avocados vom Stielansatz nach unten hin mit einem Sparschäler schälen. Die Avocados mit einem Messer der Länge nach bis an den Stein einschneiden.

Die Avocadohälften gegeneinanderdrehen, so daß sich die Hälften voneinander lösen. Den Stein mit einem spitzen Küchenmesser herausheben.

EXOTIC-SALAT

Für 4 Portionen:

*200 g grüne Bohnen
1-2 Zweige Bohnenkraut
Salz
2 reife Avocados
1 El Limonensaft
1 Mango
1 Lollo blanco
250 g Kokosnußfleisch
3 El Obstessig
Zucker
4 El Maiskeimöl*

1. Die Bohnen putzen, waschen und zusammen mit dem Bohnenkraut in kochendem Salzwasser 10-15 Minuten garen. Kalt abschrecken, abtropfen und auskühlen lassen.
2. Die Avocados wie links beschrieben vorbereiten und in Spalten schneiden. Sofort mit dem Limonensaft beträufeln.
3. Die Mango schälen, das Fruchtfleisch zuerst vom Stein schneiden, dann in Spalten teilen.
4. Den Salat putzen, waschen, trockenschleudern und in mundgerechte Stücke zupfen. Eine große Schüssel oder vier Portionsschälchen mit den Salatblättern auslegen.
5. Das Kokosnußfleisch mit einem Sparschäler in grobe Raspeln schneiden.
6. Den Essig mit Salz, Pfeffer und Zucker würzen. Das Öl langsam unterrühren.
7. Die Bohnen in einer Schüssel mit den Avocado- und Mangospalten und den Kokosnußraspeln mischen. Die Salatsauce unterheben und den Salat auf den Salatblättern anrichten. Baguette dazu reichen.

Zubereitungszeit: ca. 40 Minuten
Pro Portion ca. 1943 kJ/462 kcal,
4 g Eiweiß, 39 g Fett,
17 g Kohlenhydrate

FEINE GEMÜSESÜLZE

500 g Hähnchenbrustfilet, in
Streifen
400 ml Gemüsefond
125 ml Weißwein
7 Blatt weiße Gelatine
200 g Möhren
200 g Bohnen
200 g Mais
200 g Erbsen (TK-Produkt)
1 El Öl
Salz, Pfeffer a. d. Mühle
2 El Weißweinessig

1. Fleisch in Gemüsefond und
Weißwein ca. 30 Minuten
kochen. Darin erkalten lassen.
Fett abschöpfen.
2. Brühe durch ein Sieb gießen
und ca. 1/2 l Flüssigkeit auffangen. Gelatine in kaltem Wasser
einweichen und ausdrücken.
Möhren und Bohnen putzen,
waschen und klein schneiden.
Den Mais abgießen.
3. Öl in einer Pfanne erhitzen
und das Gemüse darin ca. 4
Minuten andünsten. Mit Salz,
Pfeffer und Essig würzen.

4. Gelatine in 3 El heißem
Wasser auflösen, zu der Brühe
geben. Eine Kastenform mit
Klarsichtfolie auslegen, den
Boden mit Brühe bedecken.
Fest werden lassen.
5. Fleisch, Gemüse und die
restliche Brühe darauf verteilen
und im Kühlschrank fest werden
lassen.

Zubereitungszeit: ca. 40 Minuten
Pro Portion ca.: 2034 kJ/484 kcal,
43 g E, 9 g F, 43 g KH

Suppen und Eintöpfe

Kindheitserinnerungen sind oft mit ganz speziellen Düften und Gerichten verbunden. Entdecken Sie Ihre nie vergessenen Lieblingssuppen wieder und kochen Sie diese originalgetreu nach oder variieren Sie so, daß auf einmal ganz neue Lieblingsgerichte entstehen.

BLUMENKOHLTOPF

Für 4 Portionen:

600 g Blumenkohl
200 g Kasseler
200 g Schnittkäse mit Kümmel
2 Zwiebeln
2 El Kapern
4 El Olivenöl
Salz
1 Tl Kümmel
geriebene Muskatnuß
100 ml helles Bier
200 ml Gemüsebrühe

1. Den Blumenkohl putzen, waschen, in Röschen teilen und die Hälfte der Blumenkohlröschen in einen Topf (3 l Inhalt) geben.
2. Das Kasseler in Würfel schneiden. Den Käse in Streifen schneiden. Die Zwiebeln pellen und würfeln.
3. Die Hälfte der Kasselerwürfel und 1 El Kapern auf den Blumenkohl verteilen. Darauf 1/3 des Käses legen. Nochmals eine Schicht Blumenkohl, Kasseler mit Kapern und ein weiteres Drittel des Käses einfüllen. Mit Salz, Kümmel und Muskat würzen.
4. Die Zwiebelwürfel auf dem Käse verteilen. Mit dem Öl beträufeln. Mit Salz, Kümmel und Muskat würzen und mit dem restlichen Käse belegen.
5. Das Bier und die Gemüsebrühe angießen.
6. Die Blumenkohl-Gemüse-Mischung im fest verschlossenen Topf zum Kochen bringen und bei schwacher Hitze ca. 45 Minuten garen.

Zubereitungszeit: ca. 1 Stunde
Pro Portion ca. 2173 kJ/517 kcal, 33 g Eiweiß, 34 g Fett,

Blumenkohl eimal anders zubereitet – mit deftigem Kasseler und herzhaftem Kümmelkäse.

LINSEN-CURRY

800 g grüne Linsen
400 g Hähnchenbrustfilet
200 g Reis
Salz
2 El Öl
3 Tl Curry
Pfeffer aus der Mühle
250 ml klare Hühnerbrühe
1 Stange Lauch
1 Mango
200 g süße Sahne
etwas gemahlener
Ingwer
1 El Kokosraspel

1. Die Linsen waschen und schlechte Samen entfernen. Die Linsen in kochendem Wasser 1- 1 1/2 Stunden garen.
2. Das Hähnchenbrustfilet in Würfel schneiden. Den Reis in kochendem Salzwasser ca. 15 Minuten bißfest garen.
3. Das Öl in einem Topf erhitzen und die Fleischwürfel darin von allen Seiten anbraten. Mit Curry, Salz und Pfeffer würzen. Die Hühnerbrühe zu dem Fleisch gießen und ca. 15 Minuten köcheln lassen.
4. Den Lauch putzen, waschen und in Ringe schneiden. Die Mango schälen und in Würfel schneiden.

5. Den Lauch nach ca. 12 Minuten zum Fleisch geben und 2 Minuten vor Ende der Garzeit die Mangostücke und die Sahne hinzufügen.
6. Vor dem Servieren die Linsen und den Reis vorsichtig unterheben. Das Ganze mit Salz, Pfeffer, Ingwer und Curry abschmecken. Das Linsen-Curry mit Kokosraspeln bestreut servieren.

Zubereitungszeit: ca. 2 Stunden
Pro Portion ca.: 4098 kJ/975 kcal, 60 g E, 22 g F, 116 g KH

KLÖSSCHENSUPPE MIT ROTKOHL

100 g Pfifferlinge
200 g Rotkohl a. d. Glas
1 Schalotte
1 Knoblauchzehe
6-7 El Paniermehl
1 Ei
2 El Crème fraîche
Salz
Pfeffer aus der Mühle
1 l Wildfond

1. Die Pfifferlinge waschen, putzen und klein hacken. Den Rotkohl in einem Sieb abtropfen lassen. Die Schalotte und den Knoblauch schälen und in Würfel schneiden.

2. Pfifferlinge, Schalotte und Knoblauch mit Paniermehl, Ei und Crème fraîche verrühren. Mit Salz und Pfeffer würzen. Mit feuchten Händen daraus Klößchen formen.

3. Den Wildfond in einem Topf erhitzen und die Klößchen darin ca. 3 Minuten ziehen lassen.

4. Kurz vor Ende der Garzeit den Rotkohl zur Suppe geben und ca. 1 Minute ziehen lassen.

5. Die Suppe in Tellern anrichten und servieren.

Zubereitungszeit: ca. 20 Minuten
Pro Portion ca.: 352 kJ/84 kcal,
3 g E, 4 g F, 4 g KH

FEINE ERBSENSUPPE

1 kg frische grüne Erbsen
1 Zwiebel
1 Bd. Kerbel
20 g Butter
750 ml Kalbsfond
250 g süße Sahne
Salz
Pfeffer aus der Mühle
Cayennepfeffer
8 Kapuzinerkresseblüten

1. Die Erbsen auspalen. Die Zwiebel schälen und in Würfel schneiden. Den Kerbel waschen, trockentupfen und die Blättchen abzupfen.
2. Die Butter erhitzen und die Zwiebeln darin andünsten.
3. Die Erbsen dazugeben und mit dem Kalbsfond angießen. Das Ganze ca. 15 Minuten köcheln lassen, anschließend die Hälfte der Erbsen mit einer Schaumkelle herausnehmen.

4. Die Kerbelblättchen zur Suppe geben und alles mit dem Schneidstab des Handrührgerätes pürieren. Die Sahne unterrühren und die Suppe mit Salz, Pfeffer und Cayennepfeffer würzen.
5. Die restlichen Erbsen unterrühren. Die Suppe in Tellern anrichten und mit den Blüten garniert servieren.

Zubereitungszeit: ca. 30 Minuten
Pro Portion ca.: 1818 kJ/433 kcal,
18 g E, 21 g F, 35 g KH

SPARGELCREME-SUPPE

Für 4 Portionen:

1 Bund Suppengrün
500 g Putenbrust
1 Tl schwarze Pfefferkörner
1 Lorbeerblatt
Salz
250 g Möhren
je 250 g weißer und grüner Spargel
Pfeffer aus der Mühle
100 g Schmelzkäse (Doppelrahmstufe)
Kräuter zum Garnieren

1. Das Suppengrün putzen, waschen und in grobe Stücke schneiden.

2. Die Putenbrust waschen und mit dem Suppengrün, den Pfefferkörnern und dem Lorbeerblatt in 1 l Salzwasser zum Kochen bringen. Bei milder Hitze ca. 45 Minuten zugedeckt köcheln lassen. Während des Garens mehrmals abschäumen.

3. Inzwischen die Möhren und den weißen Spargel putzen und schälen. Den grünen Spargel putzen, nur den unteren Teil schälen. Das Gemüse waschen. Die Möhren in Scheiben und den Spargel in ca. 3 cm lange Stücke schneiden.

4. Die Putenbrust aus der Brühe nehmen. Die Brühe mit einem Schneidstab pürieren, durchsieben und aufkochen lassen. Das Gemüse hineingeben und ca. 15 Minuten garen. Mit Salz und Pfeffer würzen. Die Putenbrust in Streifen schneiden.

5. Den Käse in kleine Stücke schneiden und unter Rühren in der Suppe schmelzen lassen. Die Putenstreifen dazugeben, kurz erwärmen und die Suppe mit Kräutern garniert servieren.

Zubereitungszeit:
ca. 1 1/2 Stunden
Pro Portion ca. 1050 kJ/250 kcal,
36 g Eiweiß, 6 g Fett,
5 g Kohlenhydrate

Cremesuppe mit grünem und weißem Spargel – die ideale Vorspeise für ein Frühlingsmenü.

MANGOLDSUPPE MIT SCHAFSKÄSE

Für 4 Portionen:

600 g Mangold
2 Zwiebeln
2 Knoblauchzehen
30 g Butter
1 l Instant-Gemüsebrühe
Salz
Pfeffer aus der Mühle
geriebene Muskatnuß
Korianderpulver
2 El Crème fraîche
120 g Schafskäse

1. Den Mangold putzen und waschen. Die Blätter von den Stielen trennen. Die Stiele in kleine Stücke, die Blätter in breite Streifen schneiden.
2. Die Zwiebeln und die Knoblauchzehen pellen und fein hacken.
3. Die Butter in einem Topf erhitzen. Die Zwiebel- und Knoblauchwürfel und die Mangoldstiele darin ca. 7 Minuten dünsten.
4. Die Mangoldblätter dazugeben und zusammenfallen lassen. Die Brühe angießen. Zugedeckt ca. 10 Minuten garen lassen.
5. Die Suppe mit dem Schneidstab des Handrührers pürieren. Mit Salz, Pfeffer, Muskat und Korianderpulver würzen und mit der Crème fraîche verfeinern.
6. Den Käse zerkrümeln oder in kleine Würfel schneiden. Die Suppe auf vier Tellern verteilen und mit dem Käse bestreut servieren.

Zubereitungszeit: ca. 35 Minuten
Pro Portion ca. 1126 kJ/268 kcal,
10 g Eiweiß, 17 g Fett,
13 g Kohlenhydrate

Die leicht nussig schmeckende Mangoldsuppe wird durch würzigen Schafskäse raffiniert abgerundet.

POLNISCHES KRAUT

1 Weißkohl
250 g Hirschgulasch
Salz, Pfeffer a. d. Mühle
2 El Öl
50 g magerer Speck, gewürfelt
1 Zwiebel, gewürfelt
500 g Mischpilze, in Stücke
1 zerdr. Knoblauchzehe
1 Tl Kümmelsamen
500 ml Rinderfond
50 ml Rotwein
1 Apfel, geschält
2 Tomaten, enthäutet
250 g Sauerkraut
Paprikapulver, edelsüß

1. Kohl putzen, vierteln, vom Strunk befreien und in Streifen schneiden.
2. Fleisch mit Salz und Pfeffer würzen. Öl in einem Topf erhitzen, Speck darin auslassen. Zwiebeln, Pilze dazugeben und mitdünsten.
3. Fleisch und Weißkohl mit Knoblauch und Kümmel in den Topf geben und anbraten. Den Fleischfond angießen, Rotwein unterrühren. Ca. 1 Stunde zugedeckt schmoren lassen.

4. Apfel und Tomaten in Würfel schneiden. Sauerkraut mit Pilzen, dem Apfel und den Tomaten zum Fleisch geben. Mit Paprikapulver bestäuben. Alles noch 20 Minuten dünsten.

Zubereitungszeit: ca. 2 Stunden
Pro Portion ca.: 1064 kJ/253 kcal,
24 g E, 6 g F, 17 g KH

FLÄMISCHE
BROKKOLISUPPE

300 g Brokkoli
250 g Petersilienwurzel
150 g Möhren
3 Frühlingszwiebeln
100 g Tomaten
1 1/2 l Gemüsebrühe
200 g Crème fraîche
Salz
Pfeffer aus der Mühle
einige Safranfäden
gemahlener Koriander
gemahlener Kreuzkümmel
3 El Sojasauce
Kräuter zum Garnieren

1. Den Brokkoli waschen und die einzelnen Röschen abtrennen. Die Petersilienwurzel waschen, schälen und in Stücke schneiden.
2. Die Möhren und Frühlingszwiebeln putzen, waschen und in Scheiben schneiden. Die Tomaten waschen, kreuzweise einschneiden, in siedendes Wasser tauchen, enthäuten und in Würfel schneiden.
3. Das Gemüse in der Brühe ca. 20 Minuten kochen. Anschließend mit dem Schneidstab des Handrührgerätes pürieren.

4. Crème fraîche unterrühren. Mit Salz, Pfeffer, Safran, Koriander, Kreuzkümmel und Sojasauce abschmecken. Die Suppe mit Kräutern garniert servieren.

Zubereitungszeit: ca. 45 Minuten
Pro Portion ca.: 1025 kJ/244 kcal,
8 g E, 18 g F, 9 g KH

SELLERIE-CREMESUPPE

1 große Zwiebel
600 g Staudensellerie
1 El Butter
1 l Fleischbrühe
150 g Crème fraîche
Salz
Pfeffer aus der Mühle
1 Msp. frisch geriebene
Muskatnuß
Worcestersauce
1 Bd. Petersilie

1. Die Zwiebel schälen und in Würfel schneiden. Den Staudensellerie putzen, waschen und in Stücke schneiden.
2. Die Butter in einem Topf erhitzen und zuerst die Zwiebeln darin andünsten. Dann den Staudensellerie dazugeben, kurz mitdünsten und mit der Fleischbrühe angießen. Das Ganze zugedeckt bei geringer Hitze ca. 20 Minuten köcheln lassen.
3. Die Suppe mit dem Schneidstab des Handrührgerätes pürieren. Die Crème

fraîche unterrühren, die Suppe aufkochen lassen und mit Salz, Pfeffer, Muskat und Worcestersauce abschmecken.
4. Die Petersilie waschen, trockenschütteln und fein hacken. Die Suppe auf Tellern anrichten und mit der Petersilie bestreut servieren.

Zubereitungszeit: ca. 40 Minuten
Pro Portion ca.: 848 kJ/202 kcal,
3 g E, 17 g F, 5 g KH

TOMATENSUPPE MIT KÄSENOCKEN

Für 4 Portionen:

300 g Kalbsknochen
1 Zwiebel
1 Bund Suppengrün
1 El Olivenöl
1 große Dose geschälte Tomaten (850 g EW)
Salz
1 Lorbeerblatt
Pfeffer aus der Mühle
125 ml Milch
1 El Butter
4 El Grieß
1 Ei
100 g Frischkäse mit Kräutern
400 g Brokkoli

1. Die Knochen waschen, die Zwiebeln pellen und vierteln, das Suppengrün waschen, putzen und kleinschneiden. Das Öl in einem Topf erhitzen und alles zusammen darin kurz anbraten.

2. Die Tomaten grob hacken und mit ihrer Flüssigkeit und 3/4 l Wasser dazugeben. Das Ganze aufkochen lassen, mit Salz, Lorbeerblatt und Pfeffer würzen und bei milder Hitze ca. 1 Stunde zugedeckt köcheln lassen.

3. In der Zwischenzeit die Milch mit der Butter und etwas Salz in einem Topf zum Kochen bringen. Den Grieß hineinschütten und unter Rühren aufkochen lassen. Den Topf vom Herd nehmen und dann das Ei und den Frischkäse unterrühren. Die Masse etwas abkühlen lassen und mit 2 Teelöffeln Klößchen daraus formen.

4. Den Brokkoli putzen, waschen und in Röschen teilen.

5. Die Tomatensuppe durch ein Sieb passieren und aufkochen lassen. Die Klößchen und die Brokkoliröschen in der Suppe ca. 10 Minuten bei mittlerer Hitze garen. Nochmals mit Salz und Pfeffer abschmecken und servieren.

Zubereitungszeit:
ca. 1 1/2 Stunden
Pro Portion ca. 903 kJ/215 kcal,
12 g Eiweiß, 13 g Fett,
9 g Kohlenhydrate

FRUCHTIGER KICHERERBSENTOPF

200 g Kichererbsen
30 g frischer Ingwer
300 g Knollensellerie
2 Bd. Frühlingszwiebeln
500 ml Gemüsebrühe
1 El Currypulver
4 Scheiben Ananas aus der
Dose, klein geschnitten
Mandarinen aus der Dose
(228 g EW)
Salz, Pfeffer a. d. Mühle
1 Tl Koriander
Zitronenmelisse

1. Die Kichererbsen über Nacht in Wasser einweichen.
2. Ingwer und Sellerie schälen und in Würfel schneiden. Die Frühlingszwiebeln putzen, waschen und in Ringe schneiden.
3. Die Gemüsebrühe in einem Topf erwärmen, die Kichererbsen darin ca. 2 Stunden köcheln lassen. Dann die restlichen vorbereiteten Zutaten hinzufügen. Mit Currypulver würzen und ca. 30 Minuten köcheln lassen.

4. Ananas und Mandarinen in einem Sieb abtropfen lassen und zur Suppe geben.
5. Die Suppe mit Salz, Pfeffer und Koriander abschmecken und mit Zitronenmelisse garnieren.

Zubereitungszeit: ca. 2 1/2 Stunden
Pro Portion ca.: 825 kJ/196 kcal,
6 g E, 2 g F, 33 g KH

ENTENEINTOPF MIT KÜRBIS

Für 4 Portionen:

1 Zwiebel
2 Knoblauchzehen
400 g Kürbisfleisch
2 Entenbrustfilets
2 El Butter
Salz
Pfeffer aus der Mühle
Paprikapulver
1/2 l Instant-Geflügelbrühe
3 Tomaten
Balsamessig
2 El Kürbiskerne

1. Die Zwiebel pellen und in Würfel schneiden. Die Knoblauchzehen pellen und durchpressen.
2. Das Kürbisfleisch grob raspeln. Die Entenbrustfilets häuten und in dünne Streifen schneiden.
3. Die Butter erhitzen und das Fleisch darin ca. 3 Minuten anbraten. Zwiebel, Knoblauch und Kürbis dazugeben und noch weitere 3 Minuten mitbraten. Mit Salz, Pfeffer und Paprikapulver kräftig abschmekken und mit der Brühe auffüllen.
4. Das Ganze zugedeckt ca. 1/2 Stunde köcheln lassen. Das Fleisch herausnehmen und den Eintopf mit dem Schneidstab des Handrührers pürieren.
5. Die Tomaten häuten (siehe S. 117), vierteln, entkernen und in Streifen schneiden. Den Eintopf mit Balsamessig abschmekken. Das Fleisch und die Tomaten unter den Eintopf geben und zusammen erwärmen.
6. Die Kürbiskerne in einer Pfanne ohne Fett rösten. Den Enteneintopf mit den Kürbiskernen bestreuen.

Zubereitungszeit: ca. 1 Stunde
Pro Portion ca. 1286 kJ/612 kcal,
16 g Eiweiß, 22 g Fett,
6 g Kohlenhydrate

Eintopf mit Entenfleisch, Kürbis und Tomaten - eine raffinierte Kombination.

Überbackene Zwiebelsuppe – dieses klassische Gericht schmeckt heiß serviert am besten.

ÜBERBACKENE ZWIEBELSUPPE

Für 4 Portionen:

400 g Zwiebeln
2 El Butter
2 Tl Mehl
1 l Instant-Gemüsebrühe
1/4 l trockener Weißwein
geriebene Muskatnuß
Salz
4 Scheiben Baguette
2 Knoblauchzehen
125 g Sbrinz (Schweizer Extrahartkäse)
Petersilie zum Garnieren

1. Die Zwiebeln pellen und in Ringe schneiden.
2. 1 El Butter erhitzen und die Zwiebelringe darin andünsten. Mit Mehl bestäuben, anschwitzen und mit der Brühe und dem Wein ablöschen.
3. Die Suppe zum Kochen bringen und bei milder Hitze ca. 20 Minuten zugedeckt köcheln lassen. Mit Muskat und Salz abschmecken.
4. Die restliche Butter in einer Pfanne erhitzen und die Baguette-Scheiben

darin von beiden Seiten goldbraun rösten.
5. Die Knoblauchzehen pellen und fein hacken. Den Käse fein reiben.
6. Die Zwiebelsuppe in 4 feuerfeste Suppentassen füllen und je 1 Scheibe Baguette darauf legen. Die Suppe mit Knoblauch und Käse bestreuen und im vorgeheizten Backofen bei 220°C (Gas Stufe 3/Umluft 180°C) auf der oberen Einschubleiste ca. 5 Minuten überbacken. Mit Petersilie garniert servieren.

Zubereitungszeit: ca. 50 Minuten
Pro Portion ca. 1528 kJ/364 kcal,
11 g Eiweiß, 18 g Fett,
23 g Kohlenhydrate

RUMFORD-SUPPE

200 g getrocknete Erbsen
100 g Bacon
2 rote Zwiebeln
1 Bd. Suppengrün
2 El Öl
Salz
50 g Graupen
Pfeffer aus der Mühle
etwas Rum zum Abschmecken
2 El Petersilie

1. Die Erbsen über Nacht in 2 l Wasser einweichen und am nächsten Tag in diesem Wasser in ca. 1 Stunde weichkochen.
2. Bacon in Würfel schneiden. Die Zwiebeln schälen und ebenfalls in Würfel schneiden. Suppengrün putzen, waschen und klein schneiden.
3. Das Öl in einem Topf erhitzen und die Zwiebeln und den Bacon darin andünsten. Das Suppengrün dazugeben.
4. Die Erbsen abgießen, das Kochwasser auffangen und das Suppengemüse damit angießen. Alles aufkochen lassen und sal-

zen. Die Graupen unterrühren und weitere 15 Minuten kochen lassen.
5. Erbsen durch ein Sieb streichen und unter die Suppe rühren. Das Ganze mit Salz, Pfeffer und Rum abschmecken und mit Petersilie bestreuen.

Zubereitungszeit: ca. 1 Stunde
Pro Portion ca.: 1606 kJ/382 kcal,
19 g E, 5 g F, 35 g KH

Sojabohnen, Entenfleisch und Gewürze verleihen dem Gericht einen fernöstlichen Touch.

SCHARFE LINSENSUPPE

Für 4 Portionen:

1 Entenbrust mit Knochen
(ca. 300 g)
Salz
1 Tl schwarze Pfefferkörner
3 Möhren
1 rote Paprikaschote
1 Bund Frühlingszwiebeln
1 Chilischote
1 Zwiebel
2 Knoblauchzehen
2 El Butter
2 Tl Currypulver
150 g rote Linsen
100 g Sojabohnenkeime
50 g Ricotta
2 El Sojasauce
etwas Zitronensaft
Kräuter zum Garnieren

1. Die Entenbrust waschen und in 1 1/2 l Salzwasser mit den Pfefferkörnern zum Kochen bringen. Während des Garens mehrmals abschäumen. Alles zugedeckt bei milder Hitze ca. 1 Stunde köcheln lassen.
2. Inzwischen die Möhren putzen und schälen, die Paprikaschote halbieren und entkernen, dann die Frühlingszwiebeln putzen, die Chilischote putzen, halbieren und entkernen. Das Gemüse waschen und in feine Streifen schneiden.
3. Die Zwiebel und die Knoblauchzehen pellen und fein hacken.
4. Die Entenbrust aus der Brühe nehmen. Die Brühe durchsieben. Das Entenfleisch von Haut und Knochen lösen, in mundgerechte Stücke schneiden.
5. Die Butter in einem Topf erhitzen und das kleingeschnittene Gemüse mit dem Currypulver darin andünsten. Mit der Brühe ablöschen. Die Linsen dazugeben und ca. 10 Minuten zugedeckt bei mittlerer Hitze kochen lassen.
6. Die Sojabohnenkeime waschen, mit dem Fleisch in die Suppe geben und kurz erwärmen.
7. Den Frischkäse mit der Sojasauce glattrühren und in die Suppe rühren. Die Linsensuppe mit Zitronensaft abschmecken und mit Kräutern garniert servieren.

Zubereitungszeit:
ca. 1 3/4 Stunden
Pro Portion ca. 2552 kJ/607 kcal,
23 g Eiweiß, 40 g Fett,
27 g Kohlenhydrate

GESCHMORTE LINSEN AUF KANARISCHE ART

500 g braune Linsen
2 Tomaten
1 rote Paprikaschote
1 Knoblauchzehe
2 El Öl
Salz
Pfeffer aus der Mühle
200 g Kabanossi, in Scheiben
1 Zwiebel, gewürfelt
1 Bd. Petersilie, gehackt
Safranfäden
2 hart gekochte Eier
4 Scheiben Dreikorntoast

1. Linsen in einer Schüssel mit kaltem Wasser waschen, dabei schlechte Samen entfernen. Ca. 1 1/2 l Wasser zum Kochen bringen und die Linsen darin ca. 1 Stunde garen. Dabei den Schaum abschöpfen.
2. Die Tomaten waschen, kreuzweise einschneiden, mit siedendem Wasser überbrühen, enthäuten und in Würfel schneiden.
3. Paprikaschote halbieren, putzen, waschen und in Würfel schneiden. Knoblauchzehe pellen und durchpressen.
4. Öl in einer Pfanne erhitzen und das Gemüse darin andünsten. Mit Salz und Pfeffer würzen.

5. Nach 1 Stunde Garzeit der Linsen das restliche Gemüse und die Wurst hinzufügen, weitere 15 Minuten zusammen köcheln lassen. Die Petersilie dazugeben. Mit Salz, Pfeffer und Safran abschmecken.
6. Inzwischen die Eier pellen und klein hacken. Brot würfeln und in einer Pfanne ohne Fett anrösten.
7. Die Suppe mit Eiern und Brotwürfeln bestreut servieren.

Zubereitungszeit: ca. 2 Stunden
Pro Portion ca.: 2821 kJ/671 kcal,
36 g E, 28 g F, 56 g KH

BUDAPESTER SUPPENTOPF

100 g rote Paprikaschote
100 g gelbe Paprikaschote
100 g grüne Paprikaschote
1 Zwiebel, gewürfelt
3 El Butter
2 El Mehl
1/2 l Hühnerbrühe
250 g süße Sahne
Zitronensaft
Salz, Pfeffer a. d. Mühle
1/4 Bd. Estragon
100 g Crème fraîche

1. Die Paprikaschoten putzen, waschen und in Würfel schneiden.
2. 2 El Butter in einem Topf erhitzen, den Paprika darin andünsten. Mit 250 ml Hühnerbrühe angießen.
3. Die restliche Butter in einem weiteren Topf erhitzen und die Zwiebel darin andünsten. Das Mehl einrühren und aufschäumen lassen. Die übrige Hühnerbrühe angießen und ca. 5 Minuten kochen lassen.
4. Inzwischen die Paprikawürfel, bis auf einen kleinen

Rest, pürieren und zusammen mit der Sahne unter die Suppe rühren. Mit Zitronensaft, Salz und Pfeffer abschmecken.
5. Estragon waschen, trockenschütteln und die Blättchen abzupfen.
6. Die Suppe in Tellern anrichten, mit Crème fraîche, restlichen Paprikawürfeln und Estragon garnieren.

Zubereitungszeit: ca. 45 Minuten
Pro Portion ca.: 1689 kJ/402 kcal,
4 g E, 36 g F, 11 g KH

ERBSENEINTOPF

250 g gelbe getrocknete Erbsen
1 Zwiebel
1 Bd. Suppengrün
60 g Butter
250 ml trockener Weißwein
1 l Gemüsebrühe
1 Bd. Petersilie
2 Brötchen
Salz
Pfeffer aus der Mühle
150 g geriebener Emmentaler

1. Die Erbsen über Nacht in
1 1/2 l Wasser einweichen.
2. Die Zwiebel schälen und in
Würfel schneiden. Das Suppengrün putzen, waschen und in
Stücke schneiden. Die Erbsen
abgießen.
3. Die Butter in einem Topf
erhitzen, die Zwiebel darin
andünsten. Das Suppengrün
dazugeben, kurz mitdünsten,
mit Weißwein und Gemüse-
brühe auffüllen. Die Erbsen
dazugeben und ca. 1 1/2 Stunden kochen.

4. Die Petersilie waschen,
trockenschütteln, fein hacken
und zur Suppe geben.
5. Die Brötchen in Würfel
schneiden. Die Suppe vor dem
Servieren mit Salz und Pfeffer
kräftig abschmecken. In Tellern
anrichten und mit den Brotwürfeln und dem Käse bestreut
servieren.

Zubereitungszeit: ca. 2 Stunden
Pro Portion ca.: 2071 kJ/481 kcal,
20 g E, 26 g F, 25 g KH

Aufläufe und Gratins

Aufläufe sind die wahren Freunde des Kochs.
Die Arbeit ist getan, ehe die Gäste eintreffen und auch die Familie kommt nicht zu kurz. Lieber die Konzentration auf wenige Zutaten oder doch eher üppig und bunt wie ein Marktstand?

ANATOLISCHER BOHNENAUFLAUF

100 g Bulgur
200 ml Gemüsebrühe
200 g grüne Bohnen, Salz
5 Tomaten, enthäutet
80 g schwarze Oliven
1 Bd. Petersilie
2 El Olivenöl
2 Zwiebeln, in Ringen
2 Knoblauchzehen, gehackt
Pfeffer aus der Mühle
1/2 Tl Bohnenkraut
Butter für die From
100 g Ziegenbutterkäse

1. Bulgur mit der Brühe aufkochen und ca. 20 Minuten bei milder Hitze quellen lassen. Die Bohnen putzen, waschen und in leicht gesalzenem Wasser ca. 5 Minuten garen.
2. Die Tomaten in Spalten schneiden. Die Oliven abtropfen lassen. Die Petersilie waschen und die Blättchen abzupfen.
3. Den Backofen auf 180 °C vorheizen. Öl in einer Pfanne erhitzen, Zwiebeln und Knoblauch darin andünsten. Tomaten dazugeben, mit Salz, Pfeffer, Petersilie und Bohnenkraut würzen.

4. Das Gemüse mit dem Bulgur mischen und in eine ausgefettete Form geben. Den Auflauf mit Käse belegen und auf der mittleren Einschubleiste ca. 15 Minuten backen.

Zubereitungszeit: ca. 1 Stunde
Pro Portion ca.: 1344 kJ/320 kcal,
11 g E, 19 g F, 21 g KH

CHINAKOHL-KÄSE-SOUFFLÉ

500 g Chinakohl
Salz
40 g Butter und Butter für die
Form
50 g Mehl
1 1/4 l Milch
Pfeffer aus der Mühle
frisch geriebene Muskatnuß
1 El 8-Kräuter-Mischung
(TK-Produkt)
4 Eier
175 g frisch geriebener
Parmesan

1. Den Chinakohl putzen, waschen, in Streifen schneiden und in leicht gesalzenem Wasser ca. 5 Minuten blanchieren. Herausnehmen und abtropfen lassen.
2. Die Butter in einem Topf zerlassen, Mehl unterrühren und kurz anschwitzen. Die Milch mit einem Schneebesen unterrühren. Langsam aufkochen lassen. Den Topf vom Herd nehmen und die Sauce in eine Schüssel umfüllen. Mit Salz, Pfeffer und Muskat würzen. Die Kräuter unterrühren.
3. Den Backofen auf 190 °C vorheizen. Die Eier trennen. Dann das Eigelb mit dem Käse und dem Kohl unter die Sauce rühren. Das Eiweiß mit einer Prise Salz steif schlagen.

Anschließend den Eischnee vorsichtig unter die Kohl-Käsemasse heben.
4. Den Boden einer 2-l-Souffléform mit Butter ausstreichen. Die Masse einfüllen und glatt streichen. Das Soufflé im Backofen auf der mittleren Einschubleiste ca. 20 Minuten backen. Der Ofen darf während des Backens nicht geöffnet werden.
5. Nach 20 Minuten die Ofentemperatur auf 230 °C erhöhen und das Soufflé weitere 10 Minuten backen. Das Soufflé sofort servieren.

Zubereitungszeit: ca. 45 Minuten
Pro Portion ca.: 2442 kJ/581 kcal,
35 g E, 34 g F, 24 g KH

SELLERIE-GRATIN MIT CURRY MIT FRÜCHTEN

400 g Knollensellerie
Salz
50 g Cashewkerne, gehackt
150 g Frühlingszwiebeln
2 Williams Birnen
1 kleine Dose Mandarinen
(190 g EW)
Butter für die Form
Pfeffer aus der Mühle
Currypulver
150 g Crème fraîche
100 g fr. geriebener Parmesan

1. Knollensellerie putzen, schälen, waschen, in Streifen schneiden und in leicht gesalzenem Wasser ca. 15 Minuten garen.
2. Die Frühlingszwiebeln putzen, waschen und schräg in Ringe schneiden. Die Birnen waschen, schälen und in schmale Spalten schneiden.
3. Die Mandarinen abgießen und abtropfen lassen. Den Backofen auf 200 °C vorheizen. Eine ofenfeste Form mit Butter ausstreichen. Die Selleriestreifen abtropfen lassen.

4. Sellerie, Frühlingszwiebeln, Birnenspalten, Mandarinen und Nüsse in die Form schichten. Mit Salz, Pfeffer und Currypulver würzen. Crème fraîche und Käse darauf verteilen. Das Ganze im Backofen auf der mittleren Einschubleiste ca. 25 Minuten backen.

Zubereitungszeit: ca. 45 Minuten
Pro Portion ca.: 1653 kJ/393 kcal,
15 g E, 23 g F, 25 g KH

FENCHEL MIT MANDELKRUSTE

4 Fenchelknollen
Butter für die Formen
2 Eier
Salz
Pfeffer aus der Mühle
frisch ger. Muskatnuß
30 g Amaretti (italienische
Mandelplätzchen)
70 g Pecorino
2 Zwiebeln
2 El Butter
1/4 Bd. Estragon
2 cl Amaretto
100 g gehobelte Mandeln

1. Die Fenchelknollen putzen, waschen und in Stücke schneiden.
2. Ein feuerfeste Form mit Butter ausstreichen. Die Fenchelstücke einfüllen. Den Backofen auf 200 °C vorheizen.
3. Die Eier mit Salz, Pfeffer und Muskat verquirlen, die Amaretti zerkleinern. Den Pecorino fein raspeln und mit den Eiern und den Amaretti mischen.
4. Die Zwiebeln schälen und in kleine Würfel schneiden.
5. Die Butter in einer Pfanne erhitzen und die Zwiebeln darin glasig dünsten.

6. Den Estragon waschen, trockentupfen und fein hacken. Den Estragon, die Eimischung und die Zwiebeln auf den Fenchelstücken verteilen. Den Amaretto und die gehobelten Mandeln darüber geben. Das Ganze auf der mittleren Einschubleiste im Backofen ca. 20 Minuten backen.

Zubereitungszeit: ca. 45 Minuten
Pro Portion ca.: 1458 kJ/347 kcal,
14 g E, 223 g F, 15 g KH

RAFFINIERTER CHINAKOHL-AUFLAUF

100 g Basmatireis
Salz
300 g Chinakohl
200 g Hähnchenbrustfilet
1 El trockener Sherry
1 El helle Sojasauce
11/2 Tl Zucker
1 Tl Ingwer, feingehackt
11/2 El Speisestärke
Butter für die Form
1 Ei
125 ml Weißwein
1 El Weißweinessig
1/4 Bd. Brunnekresse
Kapuzinerkresseblüten zum
Anrichten

1. Den Basmatireis nach Packungsanweisung in leicht gesalzenem Wasser garen.
2. Den Chinakohl putzen, waschen und in kochendem Salzwasser ca. 1 Minute ziehen lassen, anschließend abtropfen lassen. Die dicken Blattrippen flach schneiden.
3. Das Fleisch fein hacken und mit Sherry, Sojasauce, Zucker, Ingwer und Speisestärke mischen.
4. Den Backofen auf 160 °C vorheizen. Den Reis abgießen. Den Reis unter die Fleischmasse mischen. Die Chinakohlblätter auf einer Arbeitsplatte auslegen und jeweils 1 El der Masse auf die Mitte eines Blattes geben. Zuerst die Seitenränder über die Hähnchenfüllung zusammenfalten.

Anschließend die Blattspitzen darüber legen und alles zum Blattende hin vorsichtig aufrollen.
5. Eine ofenfeste Form mit Butter ausstreichen. Die Röllchen hineingeben. Das Ei mit dem Weißwein und dem Weinessig verrühren und über die Blattröllchen gießen. Brunnenkresse waschen, trockenschütteln, die Blättchen abzupfen und dazugeben.
6. Im Backofen ca. 40 Minuten garen. Die Kohlröllchen mit den Kresseblüten anrichten.

Zubereitungszeit: ca. 1 Stunde
Pro Portion ca.: 1251 kJ/298 kcal,
16 g E, 8 g F, 27 g KH

SOMMER-BAGUETTE

Für 4 Portionen:

2 Baguettebrötchen
Butter zum Bestreichen
4 Scheiben Parmaschinken
300 g Tomaten
200 g schwarze Oliven
ohne Stein
1/2 Bund Basilikum
1/2 Bund Rukola (Rauke)
Salz
Pfeffer
250 g Mozzarella

1. Die Baguettebrötchen halbieren und mit etwas Butter bestreichen. Mit dem Schinken belegen.
2. Die Tomaten waschen, abtrocknen und in Scheiben schneiden. Die Oliven abtropfen lassen und ebenfalls in Scheiben schneiden. Die Baguettebrötchen mit den Tomaten- und den Olivenscheiben belegen.

3. Die Kräuter waschen, trockenschütteln, bis auf einen Rest zum Garnieren fein hacken und auf die Brötchenhälften verteilen. Diese mit Salz und Pfeffer würzen.
4. Den Käse in Scheiben schneiden, die Sommer-Baguettes damit belegen und im vorgeheizten Backofen bei 200°C (Gas Stufe 3/Umluft 180°C) auf der 2. Einschubleiste von unten 5-10 Minuten überbacken. Mit Kräutern garniert servieren.

Zubereitungszeit: ca. 20 Minuten
Pro Portion ca. 2819 kJ/671 kcal,
20 g Eiweiß, 12 g Fett,
108 g Kohlenhydrate

BLUMENKOHL-NUDEL-AUFLAUF

200 g Rigatoni
Salz
600 g Rahmblumenkohl
(TK- Produkt)
Pfeffer aus der Mühle
4 Möhren
Butter für die Form
1 Ei
100 ml Gemüsebrühe
20 g Paniermehl
4 El fr. geriebener Parmesan

1. Die Nudeln nach Packungsanweisung in kochendem Salzwasser bißfest garen und abschrecken.
2. Den Rahmblumenkohl nach
Packungsanweisung zubereiten,
mit Salz und Pfeffer abschmecken.
3. Die Möhren putzen, schälen,
waschen und in Scheiben
schneiden. In leicht gesalzenem
Wasser ca. 5 Minuten blanchieren, abgießen und abtropfen
lassen.
4. Den Backofen auf 200 °C
vorheizen. Eine feuerfeste Form
mit Butter ausstreichen und die
vorbereiteten Zutaten einfüllen.
Die Ei-Brühe-Masse mit Salz
und Pfeffer würzen.

5. Das Ei mit der Gemüsebrühe
verquirlen, über den Auflauf verteilen, mit Paniermehl und Käse
bestreuen und auf der mittleren
Einschubleiste ca. 20 Minuten
überbacken.

Zubereitungszeit: ca. 50 Minuten
Pro Portion ca.: 1893 kJ/450 kcal,
18 g E, 18 g F, 47 g KH

Ein köstliches Gratin mit Kabanossi, roten Linsen und Gemüse, abgerundet durch einen saftigen Guß mit Pyrenäenkäse.

MÖHREN-LINSEN-GRATIN VOM BLECH

Für 4 Portionen:

300 g Kabanossi
2 El dunkle Sojasauce
Saft von 1 Zitrone
Pfeffer aus der Mühle
300 g rote Linsen
1/4 l Gemüsebrühe aus
Instantpulver
6 El Rinderfond aus
dem Glas
300 g Möhren
300 g Lauch
1 Schalotte
1 Bund Schnittlauch
1 Bund Petersilie

4 El Öl für das Backblech
2 Eier
150 g saure Sahne
200 g geriebener
Pyrenäenkäse
Cayennepfeffer

1. Die Kabanossi in dünne Scheiben schneiden. Aus Sojasauce, Zitronensaft und Pfeffer eine Marinade rühren. Die Wurst darin ca. 20 Minuten marinieren lassen.
2. Inzwischen die roten Linsen in der Brühe und dem Fond ca. 15 Minuten bei milder Hitze köcheln lassen.
3. Die Möhren putzen, schälen und in dünne

Scheiben schneiden. Den Lauch putzen, längs aufschlitzen, waschen und in Ringe schneiden. Die Schalotte pellen und in Würfel schneiden.
4. Das Gemüse kurz vor Ende der Garzeit der Linsen dazugeben und ca. 5 Minuten mitköcheln lassen. Die Kräuter waschen, trockenschütteln und fein hacken.
5. Ein tiefes Backblech mit dem Öl fetten und mit den Wurstscheiben belegen. Die Linsen und das Gemüse abtropfen lassen und darauf verteilen. Mit der Hälfte der gehackten Kräutern bestreuen.

6. Die Eier mit der sauren Sahne und dem geriebenen Käse verrühren, mit Cayennepfeffer abschmecken und die restlichen Kräuter unterrühren. Das Ganze gleichmäßig auf dem Gemüse verteilen und im vorgeheizten Backofen bei 180°C (Gas Stufe 2/Umluft 160°C) auf der 2. Einschubleiste von unten ca. 30 Minuten backen.

Zubereitungszeit: ca. 1 Stunde
Pro Portion ca. 2447 kJ/582 kcal,
40 g Eiweiß, 31 g Fett,
25 g Kohlenhydrate

AVOCADO-AUFLAUF

1 Bd. Frühlingszwiebeln
2 geräucherte Pfeffermakrelen
200 g Strauchtomaten
Salz, Pfeffer a. d. Mühle
1 reife Avocado
2-3 El Zitronensaft
1 Knoblauchzehe
Butter für die Form
200 g Ziegenbutterkäse
Petersilie zum Garnieren

1. Die Frühlingszwiebeln putzen, waschen und in Ringe schneiden. Von den Makrelen die Haut abziehen, die Gräten entfernen und die Filets in Stücke schneiden. Die Tomaten waschen und halbieren. Mit Salz und Pfeffer bestreuen.
2. Die Avocado schälen, halbieren, den Kern entfernen und das Fruchtfleisch in Würfel schneiden. Mit Zitronensaft beträufeln. Die Knoblauchzehe pellen und durchpressen.
3. Den Backofen auf 200 °C vorheizen. 4 ofenfeste Formen mit Butter ausstreichen. Frühlingszwiebeln, Makrelen,

Kirschtomaten und Avocadowürfel darin verteilen. Mit Salz und Pfeffer würzen.
4. Den Käse reiben, mit dem Knoblauch vermengen und auf dem Gemüse verteilen. Die Förmchen auf der mittleren Einschubleiste ca. 20 Minuten backen und mit Petersilienblättchen garniert servieren.

Zubereitungszeit: ca. 30 Minuten
Pro Portion ca.: 2496 kJ/ 594 kcal,
41 g E, 40 g F, 7 g KH

ÜBERBACKENER BROKKOLI MIT ROQUEFORTSAHNE

Für 4 Portionen:

500 g Brokkoli
Salz
100 g Butter
100 g Roquefort
100 ml Schlagsahne
100 ml trockener Weißwein
1 g gemahlener Safran
1 Eigelb
Pfeffer aus der Mühle
1 El Zitronensaft

1. Den Brokkoli putzen, waschen und in kleine Röschen teilen. In wenig kochendem Salzwasser ca. 8 Minuten garen.
2. Inzwischen die Butter in einem Topf zerlassen. Den Roquefort in kleine Stücke schneiden. Die Sahne und den Roquefort dazugeben und den Käse unter Rühren bei milder Hitze schmelzen lassen. Weißwein und Safran unterrühren und die Sauce kurz aufkochen lassen. Den Topf vom Herd nehmen und das Eigelb unterrühren. Die Roquefort-Sahne mit Salz, Pfeffer und Zitronensaft abschmecken.
3. Den Brokkoli abgießen, abschrecken und abtropfen lassen. Die Brokkoli-Röschen in 4 Gratinförmchen geben und die Roquefort-Sahne darauf verteilen. Im vorgeheizten Backofen bei 200°C (Gas Stufe 3/Umluft 180°C) auf der 2. Einschubleiste von unten 5-6 Minuten überbacken. Sofort servieren.

Zubereitungszeit: ca. 20 Minuten
Pro Portion ca. 1802 kJ/429 kcal,
11 g Eiweiß, 37 g Fett,
5 g Kohlenhydrate

Der Roquefort gibt diesem Gemüsegratin seine besondere Würze.

SELLERIE-GRATIN MIT NÜSSEN UND ÄPFELN

500 g Knollensellerie
1 El Zitronensaft
Salz
350 g rote Äpfel
Butter für die Form
Pfeffer aus der Mühle
Zucker
200 g Walnußkerne, gehackt
200 g Crème fraîche
4 El Ananassaft
150 g geriebener Emmentaler

1. Knollensellerie putzen, schälen, waschen, in Streifen schneiden, mit etwas Zitronensaft beträufeln und in leicht gesalzenem Wasser ca. 15 Minuten garen.
2. Die Äpfel waschen, vierteln, das Kerngehäuse entfernen und die Äpfel in schmale Spalten schneiden. Mit Zitronensaft beträufeln.
3. Sellerie abgießen und abtropfen lassen. Den Backofen auf 200 °C vorheizen. Eine ofenfeste Form mit Butter ausstreichen.
4. Die Selleriestreifen in die Form füllen, die Apfelsspalten fächerartig darauf verteilen. Mit

Salz, Pfeffer und Zucker würzen. Die Walnußkerne darüber streuen.
5. Crème fraîche mit dem Ananassaft verrühren und über das Gratin geben. Mit dem Käse bestreuen und auf der mittleren Einschubleiste ca. 25 Minuten backen.

Zubereitungszeit: ca. 45 Minuten
Pro Portion ca. 2755 kJ/656 kcal,
23 g E, 48 g F, 24 g KH

MOUSSAKA

Für 4 Portionen:

1 kg Auberginen
Salz
400 g Kartoffeln
2 Zwiebeln
1/2 Bund Basilikum
1/2 Bund Thymian
200 g Schmand
100 g Kräuterfrischkäse
(Doppelrahmstufe)
2 El Zitronensaft
geriebene Muskatnuß
6 El Olivenöl
500 g gemischtes Hack-
fleisch
1 Dose Tomatenmark
(100 g)
2 cl Ouzo
Pfeffer aus der Mühle
2 El Paniermehl
1 Ei
Fett für die Form
4 Tomaten

1. Die Auberginen putzen, waschen und in Scheiben schneiden. Die Auberginenscheiben auf Küchenpapier auslegen, salzen und ca. 20 Minuten Wasser ziehen lassen.

2. Inzwischen die Kartoffeln schälen und waschen. Die Zwiebeln pellen und in Würfel schneiden. Die Kräuter waschen, trockenschütteln und fein hacken.

3. Den Schmand mit dem Frischkäse in einem Topf bei milder Hitze glattrühren. Mit Zitronensaft und Muskat abschmecken.

4. Die Auberginenscheiben trockentupfen. Das Öl in einer Pfanne erhitzen und die Auberginenscheiben darin von beiden Seiten goldgelb braten. Aus der Pfanne nehmen, auf Küchenpapier legen.

5. Das Hackfleisch in der Pfanne in dem Restöl anbraten, Zwiebeln, Kräuter, Tomatenmark und Ouzo dazugeben. Mit Salz und Pfeffer abschmecken und ca. 10 Minuten zugedeckt schmoren lassen. Etwas abkühlen lassen.

6. Das Paniermehl mit dem Ei verrühren und unter die Hackfleischmasse rühren. Kartoffeln in dünne Scheiben schneiden.

7. Eine feuerfeste Form (2 l Inhalt) ausfetten und schichtweise mit Auberginenscheiben, Kartoffelscheiben und der Hackfleischmasse füllen. Mit einer Schicht Auberginenscheiben abschließen.

8. Die Tomaten waschen, halbieren und den Stielansatz entfernen. Die Tomaten in Scheiben schneiden und auf den Auberginenscheiben verteilen. Die Käsecreme darübergießen.

9. Die Moussaka im vorgeheizten Backofen bei 200°C (Gas Stufe 3/Umluft 180°C) auf der unteren Einschubleiste ca. 45 Minuten backen.

Zubereitungszeit: ca. 1 Stunde
Pro Portion ca. 3727 kJ/887 kcal,
36 g Eiweiß, 59 g Fett,
37 g Kohlenhydrate

Der beliebte griechische Auberginenauflauf wird mit einer Frischkäsecreme überbacken.

PIKANTES SELLERIE-GRATIN

400 g Knollensellerie
Zitronensaft
Salz
6 El Weißweinessig
Zucker
8 El Maiskeimöl
1/4 Bd. Petersilie, gehackt
Pfeffer aus der Mühle
1 Zwiebel
250 g Tomaten, enthäutet
70 g Schafskäse
Butter für die Form
100 g Crème fraîche

1. Den Sellerie schälen, waschen, und in ca. 1/2 cm dicke Scheiben schneiden und mit Zitronensaft beträufeln.
2. Leicht gesalzenes Wasser zum Kochen bringen und den Sellerie darin ca. 35 Minuten garen.
3. Weißweinessig mit Zucker, Maiskeimöl und Petersilie verrühren. Mit Salz und Pfeffer würzen.
4. Die Zwiebel schälen und in Ringe schneiden. Die Tomaten in Spalten schneiden.
5. Backofen auf 200 °C vorheizen. Knollensellerie abtropfen lassen. Schafskäse zerbröseln. Eine ofenfeste Form mit Butter ausstreichen.

6. Crème fraîche, Sellerie, Tomaten und Zwiebeln einschichten. Mit Salz und Pfeffer würzen. Kräuteröl und Schafskäse darüber verteilen. Das Ganze ca. 30 Minuten backen.

Zubereitungszeit: ca. 1 1/2 Stunden
Pro Portion ca.: 1461 kJ/348 kcal,
6 g E, 31 g F, 6 g KH

Eine Kombination aus Porree, Frischkäse und Eiern.

PORREEAUFLAUF

Für 4 Portionen:

1 kg Porree
Salz
1 El Sonnenblumenkerne
500 g Frischkäse
100 g geriebener Gouda
1/8 l Milch
3 Eier
Pfeffer aus der Mühle
geriebene Muskatnuß
1 El Zitronensaft
Fett für die Form
Kräuter zum Garnieren

1. Den Porree putzen, waschen und in ca. 5 cm lange Stücke schneiden. In kochendem Salzwasser ca. 2 Minuten blanchieren. Herausnehmen, abschrekken und abtropfen lassen.
2. Die Sonnenblumenkerne in einer Pfanne ohne Fett rösten, abkühlen lassen.
3. Den Frischkäse mit der Hälfte des Käses und der Milch verrühren.
4. Die Eier trennen. Das Eigelb unter die Käsemischung rühren, mit Salz, Pfeffer, Muskat und dem Zitronensaft würzen.
5. Das Eiweiß zu steifem Schnee schlagen und darunterheben.
6. Eine Auflaufform (1,5 l Inhalt) ausfetten. Die Hälfte der Käsemasse auf den Boden streichen. Den Porree darauf verteilen und mit den Sonnenblumenkernen bestreuen.
7. Den Porree mit der restlichen Käsemasse bestreichen und im vorgeheizten Backofen bei 200°C (Gas Stufe 3 / Umluft 180°C) auf der 2. Einschubleiste von unten ca. 20 Minuten zugedeckt backen.
8. Den Deckel abnehmen, den restlichen geriebenen Käse über den Auflauf streuen. In der offenen Form weitere 15 Minuten überbacken. Mit Kräutern garniert servieren.

Zubereitungszeit: ca. 50 Minuten
Pro Portion ca. 2200 kJ/523 kcal, 34 g Eiweiß, 32 g Fett, 15 g Kohlenhydrate

KNUSPRIGES GRATIN

700 g Kartoffeln
Salz
500 g Zuckerschoten
3 Schalotten
2 El Butter
Pfeffer a. d. Mühle
2 El Orangensaft
Butter für die Form
1 Bd. Basilikum, gehackt
50 g Paniermehl
50 g Walnußkerne, gehackt
50 g Butterflöckchen

1. Die Kartoffeln schälen, waschen, in Stücke schneiden und in leicht gesalzenem Wasser ca. 5 Minuten kochen. Die Zuckerschoten waschen und putzen. Die Schalotten schälen und in Würfel schneiden.

2. Die Kartoffeln abgießen und abkühlen lassen. Die Butter in einer Pfanne erhitzen, die Schalotten und die Zuckerschoten darin andünsten. Mit Salz und Pfeffer würzen.

3. Den Backofen auf 180 °C vorheizen. Eine ofenfeste Form mit Butter ausstreichen. Die Kartoffeln, die Schalotten und die Zuckerschoten einschichten. Mit dem Orangensaft beträufeln. Basilikum, Paniermehl und Walnüsse darüberstreuen. Butterflöckchen darauf setzen.

4. Im Backofen auf der mittleren Einschubleiste ca. 10 Minuten backen.

Zubereitungszeit: ca. 30 Minuten
Pro Portion ca.: 2269 kJ/540 kcal,
11 g E, 24 g F, 61 g KH

GRATINIERTE PAPRIKAMUSCHELN

12 bunte Muschelnudeln
Salz
4 bunte Paprikaschoten
1 mittelgroßer Zucchino
2 Tomaten
4 feste Mettwürstchen
1/2 Bd. Basilikum
3 El Olivenöl
Pfeffer aus der Mühle
Paprikapulver, edelsüß
100 g Frischkäse
Butter zum Bestreichen

1. Die Muschelnudeln in Salzwasser ca. 10 Minuten garen.
2. Die Paprikaschoten putzen, halbieren, entkernen, waschen und in kleine Würfel schneiden. Den Zucchino putzen, waschen und in kleine Würfel schneiden. Die Tomaten waschen, kreuzweise einschneiden, kurz in siedendes Wasser tauchen, enthäuten und in Würfel schneiden. Die Würstchen ebenfalls in Würfel schneiden.
3. Das Basilikum waschen, trockenschütteln und fein hacken. Das Öl in einer Pfanne erhitzen und die Paprikawürfel darin andünsten, die Zucchino- und die Tomatenwürfel dazugeben. Die gewürfelten Würstchen hinzugeben.

4. Das Ganze mit Salz, Pfeffer und Paprikapulver abschmecken. Das Basilikum und den Frischkäse unterrühren.
5. Die Nudeln abgießen und abtropfen lassen. 12 Stücke Aluminiumfolie mit etwas Butter ausstreichen. Die Nudeln darauf legen und mit der Gemüsemasse füllen. Die Ränder der Folie seitlich etwas hochziehen. Anschließend das Ganze unter dem Backofengrill ca. 8 Minuten überbacken.

Zubereitungszeit: ca. 35 Minuten
Pro Portion ca.: 1709 kJ/407 kcal,
11 g E, 19 g F, 42 g KH

BROKKOLI-SCHINKEN-AUFLAUF

800 g Brokkoli
Salz
250 g Champignons
1 Zwiebel
1 Knoblauchzehe
150 g gekochter Schinken
3 El Butter, Butter f. d. Form
Pfeffer aus der Mühle
250 ml Gemüsebrühe
50 g süße Sahne
300 g Höhlenkäse

1. Den Brokkoli putzen, waschen und in kleine Röschen teilen. In 250 ml Salzwasser ca. 8 Minuten kochen.
2. Die Champignons putzen, waschen und in Scheiben schneiden. Die Zwiebel schälen und in Würfel schneiden. Die Knoblauchzehe pellen und durchpressen. Anschließend den Schinken in schmale Streifen schneiden.
3. Den Backofen auf 200 °C vorheizen. Die Butter in einem Topf erhitzen und die Champignons mit den Zwiebeln und dem Knoblauch darin andünsten. Mit Salz und Pfeffer würzen. Den Schinken unter die Champignons mischen. Den Brokkoli abtropfen lassen.

4. Eine ofenfeste Form mit Butter ausstreichen, den Brokkoli mit der Pilzmischung hineingeben, mit Gemüsebrühe und Sahne angießen. Den Käse reiben und über den Brokkoli verteilen.
5. Den Auflauf auf der mittleren Einschubleiste ca. 25 Minuten backen.

Zubereitungszeit: ca. 40 Minuten
Pro Portion ca.: 2326 kJ/554 kcal,
31 g E, 40 g F, 9 g KH

KNUSPRIGER ROSENKOHL

400 g Rosenkohl
Salz
100 g Kasseler
1 Zwiebel
2 El Öl
300 g Tomatenpaprika aus dem Glas
60 g Butter
1 El Salsasauce (Fertigprodukt)
200 g Tortillachips
Salz, Cayennepfeffer
Paprikapulver, edelsüß
80 g geriebener Emmentaler

1. Den Rosenkohl putzen, waschen und in leicht gesalzenem Wasser ca. 10 Minuten garen.
2. Das Kasseler in Würfel schneiden. Die Zwiebel schälen und in Würfel schneiden. Das Öl in einer Pfanne erhitzen, die Zwiebeln darin andünsten, das Fleisch dazugeben und anbraten. Den Backofen auf 175 °C vorheizen.
3. Die Tomatenpaprika abtropfen lassen. Eine ofenfeste Form mit Butter ausstreichen, das Fleisch einfüllen, das Gemüse und die Salsasauce darüber geben. Die Tortillachips darüber verteilen. Mit Salz, Cayennepfeffer und Paprikapulver würzen.
4. Die restliche Butter in Flöckchen und den Käse darüber verteilen. Im Backofen ca. 30 Minuten backen.

Zubereitungszeit: ca. 45 Minuten
Pro Portion ca.: 1774 kJ/422 kcal,
17 g E, 30 g F, 14 g KH

Gerichte mit Reis und Nudeln

Kombinieren ist Trumpf. Zum Thema Gemüse mit Reis oder Nudeln gibt es unzählige Varianten, vertraut schmeckende und überraschende, einfache und raffinierte, heimische und internationale. Leicht, köstlich und gesund sind sie auf jeden Fall alle.

REISBÄLLCHEN AUF WIRSINGGEMÜSE

Für 4 Portionen:

200 g Vollkornreis
Salz
2 Eier
80 g Paniermehl
50 g geriebener Käse
1 El gehackte Petersilie
400 g Wirsing
1 Bund Frühlingszwiebeln
3 El Butter
1/8 l Gemüsebrühe
Pfeffer aus der Mühle
geriebene Muskatnuß
2 El Sahne
Kräuter zum Garnieren

1. Den Reis in kochendem Salzwasser ca. 30 Minuten garen. Abgießen, abschrecken, gut abtropfen und etwas abkühlen lassen.

2. Den Reis mit den Eiern, dem Paniermehl, dem Käse und der Petersilie verkneten. Die Reismasse ca. 30 Minuten kühl stellen.

3. Den Wirsing putzen, waschen und in feine Streifen schneiden.

4. Die Frühlingszwiebeln putzen, waschen und in Röllchen schneiden.

5. 1 El Butter erhitzen, den Wirsing und die Frühlingszwiebeln darin andünsten. Mit der Gemüsebrühe auffüllen und das Gemüse im geschlossenen Topf bei milder Hitze 15 Minuten weiterdünsten. Mit Salz, Pfeffer und Muskat würzen. Mit der Sahne verfeinern und warm stellen.

6. Aus der Reismasse kleine Bällchen formen und in der restlichen Butter rundherum goldbraun braten.

7. Die Reisbällchen auf dem Wirsinggemüse anrichten und mit Kräutern garniert servieren.

Zubereitungszeit (ohne Kühlzeit):
ca. 50 Minuten
Pro Portion ca. 1893 kJ/450 kcal,
15 g Eiweiß, 18 g Fett,
50 g Kohlenhydrate

Nicht nur Kartoffeln passen zu Wirsing. Probieren Sie mal knusprig gebratene Reisbällchen dazu!

NUDELPFANNE

Für 4 Portionen:

400 g Bandnudeln
Salz
1 Aubergine (ca. 250g)
100 g braune
Champignons
100 g Bambusschößlinge
aus der Dose
1 Bund Frühlingszwiebeln
1 Knoblauchzehe
1 rote Peperoni
2 El Öl
Pfeffer aus der Mühle
2 El Sojasauce
1 El Zitronensaft
1 Bund Petersilie

1. Die Nudeln in kochendem Salzwasser bißfest garen.
2. Die Aubergine putzen, waschen und in Würfel schneiden. Die Champignons putzen, wenn nötig, kurz abbrausen und in Scheiben schneiden.
3. Die Nudeln abschütten, abschrecken und abtropfen lassen.
4. Die Bambusschößlinge in einem Sieb gut abtropfen lassen. Die Frühlingszwiebeln putzen, waschen und in Ringe schneiden. Den Knoblauch pellen und

durchpressen. Die Peperoni putzen, waschen und in Streifen schneiden.
5. Das Öl in einer Pfanne erhitzen und das Gemüse darin anbraten. Mit Salz und Pfeffer würzen. Die Nudeln dazugeben und das Ganze unter gelegentlichem Rühren weitere 5-10 Minuten braten.
6. Die Petersilie waschen, trockenschütteln und fein hacken. Etwas Petersilie zum Garnieren beiseite legen. Die Petersilie unter die Nudelpfanne rühren. Mit Sojasauce, Salz, Pfef-

fer und Zitronensaft abschmecken.
7. Die Nudelpfanne mit Petersilie bestreut servieren.

Zubereitungszeit: ca. 35 Minuten
Pro Portion ca. 1164 kJ/277 kcal,
7 g Eiweiß, 10 g Fett,
34 g Kohlenhydrate

Schnell zubereitet ist diese Nudelpfanne mit Auberginen, Champignons, Bambusschößlingen und Frühlingszwiebeln.

Die frischen Kräuter geben den überbackenen Tomaten auf Bandnudeln eine besondere Würze.

ÜBERBACKENE TOMATEN AUF BANDNUDELN

Für 4 Portionen:

300 g grüne Bandnudeln
Salz
4 Tomaten
200 g Austernpilze
250 g Rinderhackfleisch
200 ml Schlagsahne
1 El Barbecuesauce
1/4 Bund Rosmarin
1/4 Bund Thymian
1/4 Bund Salbei
1/4 Bund Basilikum
Pfeffer aus der Mühle
Butter für die Form
125 ml Gemüsefond
aus dem Glas
100 g geriebener Edamer

1. Die Nudeln in kochendem Salzwasser bißfest garen. Inzwischen die Tomaten putzen, waschen, halbieren und aushöhlen. Die Austernpilze putzen, wenn nötig, kurz abbrausen und mit dem Schneidstab des Handrührers fein zerkleinern. Die Nudeln abgießen, abschrecken und abtropfen lassen.
2. Das Hackfleisch mit dem Pilzpüree, der Sahne und der Barbecuesauce vermischen. Die Kräuter waschen, trockenschütteln und fein hacken. Ein paar Kräuter zum Garnieren zurückbehalten.
3. 2 El Wasser und die Kräuter zu der Hackfleischmasse geben, alles gut verkneten und mit Salz und Pfeffer würzen. Die Tomatenhälften damit füllen.
4. Eine feuerfeste Form (2 l Inhalt) mit Butter ausfetten und die Bandnudeln hineingeben. Die gefüllten Tomaten daraufsetzen, den Gemüsefond angießen.
5. Im vorgeheizten Backofen bei 225°C (Gas Stufe 4/Umluft 200°C) auf der 2. Einschubleiste von unten ca. 15 Minuten backen, dann mit dem Käse bestreuen und weitere 5 Minuten überbacken. Mit Kräutern garniert servieren.

Zubereitungszeit: ca. 45 Minuten
Pro Portion ca. 2913 kJ/693 kcal,
30 g Eiweiß, 33 g Fett,
57 g Kohlenhydrate

Sieht hübsch aus und regt den Appetit an: Pochierte Eier auf Sauerampfer.

Jedes Ei vorsichtig in eine Tasse geben. Das Eigelb darf nicht zerlaufen.

Jedes Ei vorsichtig in das kochende Essigwasser gleiten lassen. Die Eier dürfen sich nicht berühren.

Das Eiweiß mit zwei Holzlöffeln während des Garens um das Eigelb legen. Eier ca. 4 Minuten pochieren.

Die Eier herausnehmen, auf Küchenpapier abtropfen lassen und mit einem Messer in Form schneiden.

POCHIERTE EIER AUF GEMÜSE

Für 4 Portionen:

500 g Sauerampfer
200 g Reis
Salz
2 El Butter
100 ml Milch
150 g körniger Frischkäse
Pfeffer aus der Mühle
4 El Essig
8 sehr frische Eier
Kräuter zum Garnieren

1. Den Sauerampfer putzen und waschen.
2. Den Reis in kochendem Salzwasser ca. 15 Minuten kochen.
3. Inzwischen den Sauerampfer in der erhitzten Butter andünsten. Die Milch angießen und ca. 3 Minuten köcheln lassen.
4. Den Frischkäse unterrühren und den Sauerampfer mit Salz und Pfeffer abschmecken.
5. Den Reis in ein Sieb gießen, abschrecken, ab-

tropfen lassen und unter den Sauerampfer heben. Warm halten.
6. Ca. 2 l Wasser mit dem Essig in einem Topf zum Kochen bringen. Die Eier darin wie beschrieben pochieren.
7. Die Eier auf dem Gemüse anrichten und mit Kräutern garniert servieren.

Zubereitungszeit: ca. 25 Minuten
Pro Portion ca. 2158 kJ/514 kcal,
27 g Eiweiß, 22 g Fett,
43 g Kohlenhydrate

PENNE MIT AUBERGINEN UND TOMATENSAUCE

Für 4 Portionen:

2 Auberginen (à ca. 350 g)
Salz
8 El Olivenöl
1/2 Bund Basilikum
2 Zweige Thymian
1 Knoblauchzehe
500 g Penne
(kurze Makkaroni)
1 El Öl
200 g Tomatenstücke aus der Dose
1 El Kapern
Pfeffer aus der Mühle
100 g gehobelter Greyerzer

1. Die Auberginen putzen, waschen und längs in etwa 1 cm dicke Scheiben, dann in Würfel schneiden. Salzen und auf Küchenpapier ca. 20 Minuten Wasser ziehen lassen. Öl in einer Pfanne erhitzen und die Auberginenwürfel darin portionsweise hellbraun braten. Herausnehmen und warm stellen.

2. Die Kräuter waschen, trockenschütteln und, bis auf ein paar Zweige zum Garnieren, fein hacken. Die Knoblauchzehe pellen und durchpressen.

3. Die Nudeln in kochendem Salzwasser mit etwas Öl bißfest garen. Die Tomaten grob hacken, in die Pfanne mit dem verbliebenen Öl geben und aufkochen lassen. Basilikum, Thymian und die Kapern unterrühren, mit Salz und Pfeffer abschmecken und die Sauce 5-8 Minuten köcheln lassen.

4. Die Nudeln abgießen, in eine vorgewärmte Schüssel geben und mit den Auberginenwürfeln mischen. Die Sauce und den gehobelten Käse unterheben. Mit Kräutern garnieren und sofort servieren.

Zubereitungszeit: ca. 45 Minuten
Pro Portion ca. 3810 kJ/907 kcal,
24 g Eiweiß, 41 g Fett,
97 g Kohlenhydrate

Genuß auf mediterrane Art: Penne mit knuspringen Auberginenwürfeln und Tomatensauce.

BUNTE GEMÜSE-LASAGNE

Für 4 Portionen:

*450 g TK- Farmer-Gemüse
(Erbsen, Möhren, Blumen-
kohl, Mais)
Salz
1 Dose geschälte Tomaten
(480 g EW)
5 Lauchzwiebeln
je 2-3 Zweige Thymian und
Oregano
4 El Olivenöl
125 g Champignons
200 g Schmand
12 Lasagneblätter
(ca. 220 g)
Butter für die Form
200 g frisch geriebener
Parmesan*

1. Das Farmer-Gemüse in 1/8 l Salzwasser ca. 3 Minuten zugedeckt dünsten.

2. Die Tomaten entkernen und würfeln. 2 Lauchzwiebeln waschen, putzen und in Würfel schneiden.

3. Den Thymian und Oregano waschen, trockenschütteln und fein hacken.

4. 2 El Öl in einem Topf erhitzen. Die Lauchzwiebeln darin glasig dünsten. Tomaten und Kräuter dazugeben und ca. 10 Minuten dünsten.

5. Die Champignons putzen und in Scheiben schneiden. Die restlichen Lauchzwiebeln putzen, waschen und in dünne Scheiben schneiden.

6. Das restliche Öl in einem Topf erhitzen. Die übrigen Lauchzwiebeln darin glasig dünsten. Die Champignons dazugeben und ca. 3 Minuten dünsten. Den Schmand unterrühren.

7. Die Lasagneblätter in 1 l kochendes Salzwasser geben und ca. 3 Minuten darin garen. Anschließend herausnehmen, abschrecken und abtropfen lassen.

8. Eine feuerfeste Form (3 l Inhalt) mit Butter ausfetten.

9. Die Form mit Lasagneblätter auslegen. Die Hälfte der Tomatensauce darüber geben und mit einer Schicht Lasagneblätter abdecken. Die Hälfte des Farmer-Gemüses und die Hälfte der Pilzsauce darübergeben. Mit 100 g Parmesan bestreuen und der nächsten Schicht Lasagneblätter abdecken. Die restliche Tomatensauce darüber geben und wieder mit Lasagneblättern abdecken. Das Gemüse und die Pilzsauce darübergeben. Mit dem restlichen Parmesan bestreuen.

10. Die Lasagne im vorgeheizten Backofen bei 200° C (Gas Stufe 3/Umluft 180°C) auf der 2. Einschubleiste von unten ca. 40 Minuten backen.

Zubereitungszeit:
ca. 1 1/4 Stunden
Pro Portion ca. 3055 kJ/727 kcal,
30 g Eiweiß, 41 g Fett,
48 g Kohlenhydrate

CANNELLONI MIT WILDKRÄUTER-KÄSE-FÜLLUNG

Für 4 Portionen:

200 g Brunnenkresse
200 g junge Brennesseln
200 g Sauerampfer
50 g junger Löwenzahn
1 Bund Frühlingszwiebeln
50 g Butter
Salz
Pfeffer aus der Mühle
geriebene Muskatnuß
1/2 Bund Majoran
4 Scheiben Vollkorntoast
*25 g gehackte Sonnen-
blumenkerne*
1 Ei
*80 g Ricotta (italienischer
Frischkäse)*
16 Cannelloni

20 g Mehl
250 ml Milch
200 ml Schlagsahne
1 Eigelb
Butter für die Form
*100 g Provolone (italieni-
scher Hartkäse)*

1. Brunnenkresse, Brenn-nesseln, Sauerampfer und Löwenzahn waschen, trockenschleudern und in Streifen schneiden. Die Frühlingszwiebeln putzen, waschen und in Ringe schneiden.

2. Die Hälfte der Butter in einer Pfanne erhitzen und die Frühlingszwiebeln darin andünsten. Die Wildkräuter dazugeben und zusammenfallen lassen. Alles mit Salz, Pfeffer und Muskat würzen.

3. Majoran waschen, trockenschütteln und fein hacken. Die Toastscheiben zerbröseln. Die Sonnenblumenkerne in einer Pfanne ohne Fett rösten.

4. Ei, Ricotta, Sonnenblumenkerne, Brot und Majoran zu den Wildkräutern geben und alles gut vermengen. Die Cannelloni mit der Masse füllen.

5. Die restliche Butter erhitzen, das Mehl unterrühren und anschwitzen. Mit Milch und Sahne ablöschen und die Sauce ca. 5 Minuten köcheln lassen. Das Eigelb mit etwas Sauce verrühren und unter die Sauce heben. Die Sauce mit Salz, Pfeffer und Muskat würzen.

6. Eine feuerfeste Form (3 l Inhalt) ausfetten und eine Schicht Cannelloni hineinlegen. Die Hälfte der Sauce darübergießen. Eine weitere Schicht Cannelloni darauflegen und die restliche Sauce darübergießen. Den Provolone fein hobeln und über die Cannelloni streuen. Im vorgeheizten Backofen bei 200°C (Gas Stufe 3/Umluft 180°C) auf der 2. Einschubleiste von unten 40-45 Minuten backen.

Zubereitungszeit:
ca. 1 1/2 Stunden
Pro Portion ca. 2944 kJ/701 kcal,
24 g Eiweiß, 38 g Fett,
56 g Kohlenhydrate

Italien läßt grüßen: Cannelloni mit Wildkräutern und zwei Käsesorten.

Die Stiele von den Spinatblättern zupfen und die Blätter beiseite legen.

Für die Tomatensauce das Mehl in der erhitzten Butter unter Rühren anschwitzen

Eine köstliche Lasagne mit Tomatensauce und viel Gemüse.

SPINATLASAGNE

Für 4 Portionen:

800 g Blattspinat
300 g Möhren
40 g Mehl
50 g Butter
1/4 l Schlagsahne
1/4 l Milch
100 g Tomatenmark
Cayennepfeffer
Salz
Zucker
1 Bund Basilikum
8 helle Lasagneblätter
Öl für das Blech und die Form
1 Knoblauchzehe
geriebene Muskatnuß
100 g mittelalter Gouda

1. Den Spinat gründlich waschen und verlesen. Die Möhren schälen und dann würfeln.

2. Das Mehl in 30 g Butter anschwitzen, die Sahne und die Milch dazugießen und unter Rühren aufkochen lassen. Das Tomatenmark unterrühren und die Sauce unter Rühren 5 Minuten bei milder Hitze kochen lassen. Mit Cayennepfeffer, Salz und Zucker würzen. Das Basilikum in Streifen schneiden und unterrühren.

3. Die Lasagneblätter in reichlich kochendem Salzwasser portionsweise jeweils 4 Minuten kochen, dann auf ein Backblech legen.

4. Die Möhrenwürfel und den durchgepreßten Knoblauch in dem restlichen Fett andünsten. Den Spinat dazugeben. Mit Salz und Muskat würzen.

5. Eine flache Auflaufform (2 l Inhalt) ausfetten. 4 Lasagneblätter hineinlegen, die Hälfte der Gemüsemischung darauf verteilen und die Hälfte der Sauce darübergießen. Dann die restliche Gemüsemischung, die restlichen Lasagneblätter und die restliche Sauce darüber verteilen. Den Käse würfeln und darüberstreuen.

6. Die Lasagne im vorgeheizten Backofen bei 200°C Gas Stufe 3/Umluft 180°C) auf der 2. Einschubleiste von unten 40-50 Minuten backen.

Zubereitungszeit:
ca. 1 3/4 Stunden
Pro Portion ca. 2747 kJ/656 kcal
21 g Eiweiß, 44 g Fett,
40 g Kohlenhydrate

Die Lasagneblätter mit einer Schaumkelle aus dem Salzwasser heben, auf ein geöltes Backblech legen.

Den Spinat zu dem gedünsteten Gemüse geben und zusammenfallen lassen.

SPINAT-RISOTTO MIT KRABBEN UND PECORINO

Für 4 Portionen:

1 Bund Frühlingszwiebeln
4 El Olivenöl
250 g Risottoreis
600-750 ml Instant-
Gemüsebrühe
Salz
Pfeffer aus der Mühle
300 g Spinat
2 Knoblauchzehen
1 El Butter
200 g Nordseekrabben
150 g geriebener Pecorino
(italienischer Hartkäse)

1. Die Frühlingszwiebeln putzen, waschen und in Ringe schneiden. 3 El Öl in einem Topf erhitzen und die Zwiebeln darin glasig dünsten. Den Reis dazugeben und ebenfalls glasig dünsten.

2. Die Gemüsebrühe angießen und den Reis zugedeckt bei milder Hitze ca. 20 Minuten garen. Während des Garens mehrmals umrühren. Mit Salz und Pfeffer würzen.

3. Den Spinat waschen, verlesen und in kochendem Wasser ca. 1 Minute blanchieren. Kalt abschrecken, abtropfen lassen und grob hacken.

4. Die Knoblauchzehen pellen und durchpressen. Die Butter und 1 El Öl in einer Pfanne erhitzen die Krabben darin kurz anbraten. Den Knoblauch ca. 1 Minute mitdünsten. Salzen und pfeffern. Den Spinat dazugeben und kurz erwärmen.

5. Den Spinat mit den Krabben unter den Reis heben, den Käse unterheben und nochmals mit Salz und Pfeffer abschmecken. Auf Tellern anrichten und servieren.

Zubereitungszeit: ca. 30 Minuten
Pro Portion ca. 3533 kJ/841 kcal,
68 g Eiweiß, 24 g Fett,
79 g Kohlenhydrate

Dieser Risotto mit Nordseekrabben und Spinat wird auch verwöhnte Zungen begeistern.

GEMÜSE-REIS-KROKETTEN

200 g Rundkornreis
Salz
200 g Staudensellerie
200 g Möhren
200 g Brokkoli
40 g Edamer
2 Eigelb
Zitronensaft
2 El Ahornsirup
1 Prise Ingwerpulver
Mehl zum Formen
40 g Semmelbrösel
2 El Öl
200 g Erdnußsauce (Fertig-produkt)
Frittierfett

1. Den Reis in leicht gesalze-nem Wasser ca. 20 Minuten garen.
2. Das Gemüse putzen, waschen, in kleine Stücke schneiden und in leicht gesalze-nem Wasser ca. 5 Minuten garen.
3. Käse reiben, den Reis abgießen und mit dem Käse und dem Eigelb verrühren. Mit Zitronensaft, Ahornsirup und Ingwer würzen. Gemüse abgießen, mit einer Gabel leicht zerdrücken und ebenfalls unter den Reis mischen. Aus der Masse mit bemehlten Händen Kroketten formen, in Semmel-bröseln wenden.

4. Die Kroketten in dem heißen Fett goldbraun ausbacken und mit der Erdnußsauce auf Tellern anrichten.

Zubereitungszeit: ca. 1 Stunde
Pro Portion ca.: 2742 kJ/653 kcal,
25 g E, 31 g F, 59 g KH

FENCHEL AUF TOMATENREIS

Für 4 Portionen:

1/2 Bund Basilikum
1 Zwiebel
2 El Olivenöl
250 g Vollkornreis
700 ml Instant-Gemüse-
brühe
4 El Tomatenmark
Salz
Pfeffer aus der Mühle
750 g Fenchel
1 El Butter
1/8 l Geflügelbrühe
(Fertigprodukt)
1/8 l trockener Weißwein
2 El geriebener Parmesan

1. Das Basilikum waschen, trockenschütteln und fein hacken.

2. Die Zwiebel pellen und in Würfel schneiden. Das Öl erhitzen und die Zwiebelwürfel darin glasig dünsten.

3. Den Reis dazugeben und so lange rösten, bis er glasig ist. Mit der Brühe ablöschen und das Tomatenmark unterrühren. Den Reis zugedeckt bei milder Hitze ca. 40 Minuten garen, dabei mehrmals gut umrühren. Kurz vor Ende der Garzeit das Basilikum unterheben und den Reis mit Salz und Pfeffer würzen.

4. Inzwischen die Fenchelknollen putzen, waschen und in Viertel schneiden.

5. Die Butter erhitzen und die Fenchelviertel darin rundherum kurz anbraten. Mit Salz und Pfeffer würzen und mit der Brühe und dem Wein ablöschen. Die Fenchelknollen zugedeckt ca. 20 Minuten dünsten.

6. Den Reis mit dem Fenchelgemüse auf Tellern anrichten. Mit Parmesan bestreuen.

Zubereitungszeit: ca. 1 Stunde
Pro Portion ca. 1807 kJ/430 kcal,
15 g Eiweiß, 14 g Fett,
54 g Kohlenhydrate

Der ungeschälte Vollkornreis erobert immer mehr Haushalte.

ÜBERBACKENER GEMÜSEREIS

Für 4 Portionen:

250 g Reis
Salz
350 g Brokkoli
Salz
1 Tl Butter
100 g gekochter Schinken
Butter für die Form
Paniermehl zum
Ausstreuen der Form
300 g Kräuterfrischkäse
120 ml Gemüsebrühe

1. Den Reis in Salzwasser 15-20 Minuten garen. Inzwischen den Brokkoli putzen, waschen und in kleine Röschen teilen. In wenig Salzwasser ca. 3 Minuten blanchieren. Abgießen, abschrecken und in einem Sieb abtropfen lassen.

2. Den Reis abgießen und in einem Sieb abtropfen lassen. Den Schinken fein würfeln. Eine Auflaufform (2 l Inhalt) mit Butter ausfetten und mit Paniermehl ausstreuen.

3. Den Reis mit den Schinkenwüfeln und dem Brokkoli mischen und in die Form geben.

4. Den Frischkäse mit der Gemüsebrühe glattrühren und über die Reis-Gemüse - Mischung verteilen. Im vorgeheizten Backofen bei 180°C (Gas Stufe 2/Umluft 160°C) auf der 2. Einschubleiste von unten ca. 15 Minuten überbacken.

Zubereitungszeit: ca. 40 Minuten
Pro Portion ca. 1776 kJ/423 kcal,
19 g Eiweiß, 11 g Fett,
53 g Kohlenhydrate

Reis, Brokkoli und Schinken werden mit cremigem Kräuterfrischkäse überbacken.

HAUSGEMACHTE MANGOLDSPÄTZLE

450 g Mangold
Salz
380 g Mehl
8 Eier
1 El Öl
2 El Butter
100 g süße Sahne
1 zerdrückte Knoblauchzehe
frisch geriebene Muskatnuß
Pfeffer aus der Mühle
250 g Mozzarella, geraspelt
1/2 Bd. Petersilie

1. Mangold putzen, waschen, in Streifen schneiden, in leicht gesalzenem Wasser ca. 5 Minuten garen.

2. 150 g Mangold mit dem Schneidstab des Handrührgerätes pürieren. Das Püree mit Mehl, 1 Tl Wasser, Salz, Eiern und Öl mit dem Knethaken des Handrührgerätes kneten, bis der Teig Blasen wirft.

3. 2-3 l Salzwasser in einem Topf zum Kochen bringen und nacheinander jeweils 2-3 El Teig auf ein angefeuchtetes Holzbrett geben. Mit einem Messer feine, schmale Streifen abschaben und ins siedende Wasser gleiten lassen. Wenn die Spätzle an der Oberfläche schwimmen, sofort mit einer Schaumkelle herausnehmen, mit kaltem Wasser abspülen und abtropfen lassen.

4. Butter in einem Topf erhitzen, Spätzle und den restlichen Mangold darin erhitzen. Sahne und Knoblauch unterrühren. Kräftig mit den Gewürzen abschmecken. Den Käse über die Spätzle streuen und zugedeckt kurz schmelzen lassen.

5. Petersilie waschen, trockentupfen, Blättchen abzupfen. Mangoldspätzle mit Petersilie bestreuen.

Zubereitungszeit: ca. 45 Minuten
Pro Portion ca.: 3754 kJ/894 kcal, 40 g E, 46 g F, 66 g KH

Ein knackiger Genuß: Vollkornreis, kombiniert mit Paprika und Stangensellerie.

PIKANTER GEMÜSE-REIS MIT KÄSE

Für 4 Portionen:

1 rote Paprikaschote
1 grüne Paprikaschote
2 Stangen Sellerie
1 Zwiebel
2 Knoblauchzehen
200 g gekochter Schinken
2 El Olivenöl
4 Zweige Thymian
250 g Vollkornreis
400 ml Instant-Gemüse-brühe
1 kleine Dose geschälte Tomaten
Salz
Pfeffer aus der Mühle
150 g geriebener Emmentaler
1/2 Bund glatte Petersilie

1. Die Paprikaschoten halbieren, putzen, entkernen, waschen und in Streifen schneiden. Die Selleriestangen putzen, waschen und in Stücke schneiden. Die Zwiebel und Knoblauchzehen pellen. Die Zwiebel würfeln und die Knoblauchzehen durchpressen.

2. Den Schinken in ca. 1 cm große Würfel schneiden. Das Öl in einem Topf erhitzen und die Zwiebeln darin glasig dünsten. Den Knoblauch hinzufügen.

3. Den Thymian waschen, trockenschütteln und fein hacken. Den Reis zu den Zwiebeln geben und ca. 5 Minuten andünsten. Mit der Brühe ablöschen.

4. Die Tomaten grob hacken und mit dem Saft, dem Tomatenmark und dem gehackten Thymian unter den Reis rühren. Das Ganze zugedeckt bei milder Hitze ca. 10 Minuten garen.

5. Das übrige Gemüse und die Schinkenwürfel unterrühren und weitere 10 Minuten garen. Mit Salz und Pfeffer abschmecken. Die Hälfte des geriebenen Käses unterheben. Die Petersilie waschen, trockenschütteln, fein hacken und ebenfalls unter den Gemüsereis heben.

6. Den Reis auf Tellern anrichten und mit dem übrigen geriebenem Käse bestreut servieren.

Zubereitungszeit: ca. 50 Minuten
Pro Portion ca. 3477 kJ/828 kcal,
51 g Eiweiß, 33 g Fett,
71 g Kohlenhydrate

NUDELN AUF BAUERNART

Für 4 Portionen:

100 g Salami am Stück
250 g weiße Champignons
400 g bunte Bandnudeln
Salz
1 El Öl
1 El Butter
200 g TK-Erbsen
200 ml Schlagsahne
Salz
Pfeffer aus der Mühle
50 g geriebener Parmesan
Kräuter zum Garnieren

1. Die Salami in kleine Würfel schneiden. Die Champignons putzen und je nach Größe halbieren oder vierteln.

2. Die Nudeln in ausreichend kochendem Salzwasser mit dem Öl bißfest garen. Abgießen und abtropfen lassen.

3. Die Butter erhitzen und die Salamiwürfel mit den Champignons darin ca. 5 Minuten anbraten.

4. Die Erbsen und die Sahne dazugeben, mit Salz und Pfeffer abschmecken und alles ca. 5 Minuten leicht köcheln lassen.

5. Die Nudeln in eine vorgewärmte Schüssel geben, mit der Sauce begießen, und mit dem Parmesan bestreuen. Mit Kräutern garniert servieren.

Zubereitungszeit: ca. 30 Minuten
Pro Portion ca. 3350 kJ/797 kcal,
31 g Eiweiß, 33 g Fett,
81 g Kohlenhydrate

Die Nudeln werden in einer herzhaften Sauce mit Salami, Erbsen und Champignons serviert.

Ein fernöstlich angehauchtes Gemüsegericht mit viel Vitamin C, Eiweiß und Ballaststoffen.

SPITZKOHL AUF ASIATISCHE ART

Für 4 Portionen:

200 g Reis
2 getrocknete Shiitake-Pilze
750 g Spitzkohl
2 rote Paprikaschoten
150 g Sojabohnenkeime
3 El Öl
3 El Sojasauce
1 El Tomatenketchup
1 El Reiswein
1 Tl Speisestärke
Salz,
Zucker
4 Eier
Koriandergrün zum Garnieren

1. Den Reis in 1/2 l leicht gesalzenem Wasser zugedeckt 15-20 Minuten kochen. Die Shiitake-Pilze mit heißem Wasser übergießen und einweichen.
2. Inzwischen den Spitzkohl putzen, vierteln, waschen und die Strünke keilförmig herausschneiden. Den Spitzkohl in breite Streifen schneiden.
3. Die Paprikaschoten halbieren, entkernen, die weißen Innenhäute entfernen, die Schotenhälften waschen und ebenfalls in breite Streifen schneiden.
4. Die Sojabohnenkeime waschen und gut abtropfen lassen. Die Shiitake-Pilze etwas ausdrücken und in Streifen schneiden.Den Reis in ein Sieb gießen, abschrecken und abtropfen lassen.
5. 2 El Öl in einer Pfanne erhitzen und die Paprika- und Spitzkohlstreifen darin unter Rühren ca. 5 Minuten braten.
6. 2 El Sojasauce mit dem Ketchup, dem Reiswein und der Speisestärke verrühren. Mit Salz und Zucker würzen und zu dem Gemüse gießen. Die Sojabohnenkeime dazugeben und bei mittlerer Hitze ca. 2 Minuten köcheln lassen.

7. Den Reis in dem restlichen Öl anbraten. Die Eier mit der restlichen Sojasauce verquirlen, zu dem Reis geben und unter Rühren stocken lassen.
8. Das Gemüse mit dem gebratenen Reis anrichten und mit Koriandergrün garniert servieren.

Zubereitungszeit: ca. 45 Minuten
Pro Portion ca. 1575 kJ/340 kcal,
16 g Eiweiß, 16 g Fett,
27 g Kohlenhydrate

Die Hörnchennudeln werden mit einer Frischkäse-Gemüse-Sauce und mit italienischer Mortadella serviert.

HÖRNCHEN MIT KÄSE-FENCHEL-SAUCE

Für 4 Portionen:

250 g Fenchel
1 Bund glatte Petersilie
200 g Mortadella
20 g Butter
250 ml Milch
150 g Crème double
100 g Kräuterfrischkäse (Doppelrahmstufe)
100 ml trockener Weißwein
1 Knoblauchzehe
1 Msp. geriebene Muskatnuß
Salz
Pfeffer aus der Mühle
250 g Hörnchen-Nudeln

1. Den Fenchel putzen, waschen und in Würfel schneiden. Die Petersilie waschen, trockenschütteln und, bis auf einen kleinen Rest zum Garnieren, fein hacken. Die Mortadella in Streifen schneiden.
2. Die Butter in einem Topf erhitzen und die Fenchelwürfel darin andünsten. Mit der Milch ablöschen und die Crème double, den Frischkäse und den Weißwein unterrühren. Die Knoblauchzehe pellen und direkt in die Sauce pressen. Mit Muskat, Salz und Pfeffer abschmecken.
3. Die gehackte Petersilie unterrühren und die Sauce

ca. 10 Minuten köcheln lassen.
4. Inzwischen die Nudeln in kochendem Salzwasser bißfest garen.
5. Die Nudeln abgießen, abschrecken, abtropfen lassen und mit der Käse-Sauce und der Mortadella auf Tellern anrichten. Mit etwas Petersilie garniert servieren.

Zubereitungszeit: ca. 35 Minuten
Pro Portion ca. 2639 kJ/628 kcal, 20 g Eiweiß, 33 g Fett, 50 g Kohlenhydrate

FEINE REISBÄLLCHEN

1 Zwiebel, 3 El Butter
250 g Wildreismischung
600 ml Gemüsebrühe
200 g Zucchini, gewürfelt
1 Dose Tomaten (850 ml)
Salz, Pfeffer a. d. Mühle
Zucker
1 Bd. Basilikum, in Streifen
1 El Tomatenmark
1 El Saucenbinder
30 g geriebener Parmesan
30 g Reisflocken
90 g Magerquark
1 Ei
Fett für die Fritteuse
20 g gehackte Petersilie

1. Zwiebel schälen, in Würfel schneiden und in 1 El Butter glasig dünsten. Reis dazugeben. Brühe angießen, aufkochen und ca. 20 Minuten quellen lassen.

2. Restliche Butter erhitzen. Zucchiniwürfel darin andünsten.

3. Tomaten mit Flüssigkeit dazugeben und erwärmen. Tomatensauce mit Salz, Pfeffer und Zucker abschmecken. Basilikum, Mark und Saucenbinder unterrühren.

4. Frittierfett erhitzen. Reis abgießen, mit Parmesan, Reisflocken, Quark, Ei und Petersilie mischen.

5. 20 Bällchen formen, im heißen Fett ca. 4 Minuten frittieren, abtropfen lassen, mit Sauce servieren.

Zubereitungszeit: ca. 45 Minuten
Pro Portion ca.: 1852 kJ/441 kcal,
14 g E, 15 g F, 55 g KH

Raffiniert: Reispuffer mit Gemüse und Kräutern werden mit Blauschimmelkäse überbacken.

ÜBERBACKENE REIS-SPINAT-PUFFER

Für 4 Portionen:

120 g Milchreis
1 l Milch
500 g Spinat
3 Zwiebeln (ca. 150 g)
je 1/2 Bund Petersilie,
Estragon, Koriandergrün
und Minze
Salz
Pfeffer aus der Mühle
6 El Olivenöl
150 g Fourme d'Ambert
(französischer Blauschim-
melkäse)
Kräuter zum Garnieren

1. Den Milchreis in leicht köchelnder Milch ca. 30 Minuten quellen lassen. Den Spinat verlesen, waschen und grob hacken.
2. Die Zwiebeln pellen und fein würfeln. Die Kräuter waschen, trocken-schütteln und fein hacken.
3. Den Spinat, die Zwiebeln und die Kräuter in eine Schüssel geben und mit dem Reis verkneten. Aus der Masse 8 Puffer formen.
4. Das Öl in einer Pfanne erhitzen und die Reispuffer darin von beiden Seiten insgesamt ca. 5 Minuten hellbraun braten.
5. Die Reispuffer auf ein Backblech legen. Den Käse in Scheiben schneiden

und die Reispuffer damit belegen.
6. Im vorgeheizten Backofen bei 180°C (Gas Stufe 2/Umluft 160°C) auf der 2. Einschubleiste von unten ca. 5 Minuten über-backen, bis der Käse zer-läuft.
7. Die Reispuffer auf Tel-lern anrichten und mit Kräutern garniert servieren.

Zubereitungszeit: ca. 45 Minuten
Pro Portion ca. 2814 kJ/670 kcal,
30 g Eiweiß, 37 g Fett,
55 g Kohlenhydrate

CANNELLONI MIT GEMÜSEFÜLLUNG

600 g Brokkoli
Salz
80 g Sardellenfilets
80 g grüne Oliven
2 El Pinienkerne
200 g Doppelrahm-Frischkäse
Pfeffer aus der Mühle
16 Cannelloni (ohne Kochen)
Butter für die Form
200 g Crème fraîche
100 g Tomatenpüree
1/2 Bd. Basilikum
80 g frisch ger. Parmesan
Butterflöckchen

1. Den Brokkoli putzen, waschen und in kleine Röschen teilen. In leicht gesalzenem Wasser ca. 4 Minuten garen.
2. Den Backofen auf 200 °C vorheizen. Die Sardellenfilets in kleine Stücke schneiden. Die Oliven fein hacken. Den Brokkoli mit einer Schaumkelle herausnehmen und mit Sardellen, Oliven, Pinienkernen und Frischkäse mischen. Mit Salz und Pfeffer würzen. Anschließend die Masse in die Cannelloni füllen.
3. Eine große ofenfeste Form oder zwei kleine Formen mit Butter ausstreichen und die Cannelloni hineinfüllen. Crème fraîche und Tomatenpüree verrühren und über die Cannelloni geben.

4. Das Basilikum waschen, trockenschütteln, in Streifen schneiden und darüber geben. Mit Salz und Pfeffer würzen. Den Parmesan darüber streuen. Die Butterflöckchen darauf setzen. Die Cannelloni im Backofen auf der mittleren Einschubleiste ca. 20 Minuten backen.

Zubereitungszeit: ca. 45 Minuten
Pro Portion ca.: 2307 kJ/564 kcal,
23 g E, 37 g F, 26 g KH

Pikante Kuchen

Ein Meister in der Küche muß man nicht sein, um sich an Quiches, Tartes oder einer Pizza zu versuchen. Drei Voraussetzungen garantieren Lob und Begeisterung der Gäste: unsere Rezepte, ein wenig Geduld und sorgfältiges Abwiegen der Zutaten.

BOHNENKUCHEN
MIT KÄSE

300 g Schwarzaugenbohnen
180 g Butter,
Butter f. d. Form
2 rote Zwiebeln, gewürfelt
2 rote Paprikaschoten, gewürfelt
Salz, Pfeffer a. d. Mühle
3 Eier
3 Eigelb
230 g Vollkornmehl
1 1/2 Tl Backpulver
100 g geriebener Emmentaler

1. Die Bohnen über Nacht in 1/2 l Wasser einweichen. Die Bohnen in dem Einweichwasser ca. 1 Stunde kochen.
2. 2 El Butter in einer Pfanne erhitzen, zuerst die Zwiebeln darin andünsten. Die Paprikawürfel dazugeben. Mit Salz und Pfeffer würzen.
3. Die restliche Butter schaumig rühren. Nach und nach Eier und Eigelb unterrühren. Salz, Mehl und Backpulver untermischen. Den Backofen auf 200 °C vorheizen.

4. Die Bohnen abgießen, abtropfen lassen, mit dem restlichen Gemüse und dem Käse mischen. Alles unter den Teig heben.
5. Eine Kastenform mit Butter ausstreichen, den Teig einfüllen und den Kuchen auf der mittleren Einschubleiste ca. 50 Minuten backen.

Zubereitungszeit: ca. 1 1/2 Stunden
Pro Portion ca.: 4172 kJ/982 kcal,
32 g E, 54 g F, 70 g KH

Für diese Gemüsetarte wird ein knuspriger Mürbeteig mit Gemüse belegt und durch einen üppigen Frischkäse-Guß abgerundet.

GEMÜSE-TARTE

Für 12 Stücke:

175 g Mehl
1 Msp. Backpulver
90 g Butter
1 Ei
Salz
Butter für die Form
Mehl zum Ausrollen
500 g getrocknete Erbsen
zum Blindbacken
400 g Tomaten
400 g Brokkoli
300 g Kräuterfrischkäse
(Doppelrahmstufe)
100 ml Milch
3 Eigelb
1/2 Bund Rosmarin
Pfeffer aus der Mühle
50 g Sonnenblumenkerne

1. Mehl, Backpulver, Butter, das Ei und 1 Prise Salz mit den Knethaken des Handrührers zu einem glatten Teig verkneten. In Klarsichtfolie wickeln und ca. 30 Minuten kalt stellen.

2. Eine Tarteform (28 cm Ø) mit Butter ausfetten. Den Teig auf bemehlter Arbeitsfläche zu einem Kreis von ca. 32 cm Ø ausrollen.

3. Die Teigplatte in die Tarteform legen, den Rand leicht andrücken und glattschneiden. Den Teigboden mit einer Gabel mehrmals einstechen und mit Backpapier belegen. Die Erbsen daraufgeben und den Boden im vorgeheizten Backofen bei 175°C (Gas Stufe 2/Umluft 160°C) auf der 2. Einschubleiste von unten 15-20 Minuten vorbacken.

4. Inzwischen die Tomaten waschen, halbieren, den Stielansatz entfernen und die Tomaten in Scheiben schneiden. Den Brokkoli putzen, waschen und in Röschen teilen.

5. Den Frischkäse mit der Milch und dem Eigelb glattrühren. Den Rosmarin waschen, trockenschütteln, fein hacken und unter die Käsecreme rühren. Mit Salz und Pfeffer abschmecken.

6. Die Form aus dem Ofen nehmen und das Backpapier mit den Erbsen entfernen. Den Boden etwas abkühlen lassen.

7. Die Sonnenblumenkerne grob hacken. Die Tomatenscheiben und die Brokkoliröschen auf dem Teigboden geben. Die Käsecreme darübergießen, mit den gehackten Sonnenblumenkernen bestreuen und im vorgeheizten Backofen bei gleicher Temperatur in 40-45 Minuten fertigbacken. Warm servieren.

Zubereitungszeit (ohne Kühlzeit): ca. 1 Stunde
Pro Stück ca. 922 kJ/219 kcal, 8 g Eiweiß, 13 g Fett, 12 g Kohlenhydrate

SCHARFER LINSEN-STRUDEL

250 g getrocknete Linsen
1 Ei
Salz
1 El Öl
350 g helles Weizenmehl
4 Zwiebeln
2 grüne Chilischoten
4 Tomaten
2 El Sojaöl
1 Tl Kümmelsamen
2 1/2 Tl Curry
frisch geriebene Muskatnuß
60 g Erdnußbutter
150 g süße Sahne

1. Die Linsen in abgekochtem lauwarmen Wasser über Nacht quellen lassen.
2. Etwa 1/8 l Wasser mit Ei, Salz und Öl gut mischen. Das Mehl untermengen, den Teig gut kneten. Zu einer Kugel formen, mit Folie umwickeln und ca. 3 Stunden ruhen lassen.
3. Die Linsen abgießen und in Wasser ca. 45 Minuten kochen lassen. Den Schaum abschöpfen.
4. Die Zwiebeln schälen und in Würfel schneiden. Die Chilischoten halbieren, entkernen, waschen und in Würfel schneiden.
5. Die Tomaten waschen und in Würfel schneiden. Das Öl in einer Pfanne erhitzen, die Zwiebeln und Chilischoten darin andünsten. Mit Salz, Kümmel, Curry, Pfeffer und Muskat würzen.

6. Den Backofen auf 190 °C vorheizen. Den Teig sehr dünn ausrollen, auf ein Küchentuch legen und mit den Händen ausziehen. Den Teig mit Erdnußbutter bestreichen, die Linsen, die Tomaten und die Zwiebeln darauf verteilen. Mit der Sahne bestreichen.
7. Den Strudel mit Hilfe des Tuches von der Längsseite her zusammenrollen. Den Strudel auf ein Backblech legen und auf der mittleren Einschubleiste ca. 30 Minuten backen.

Zubereitungszeit: ca. 4 Stunden
Pro Portion ca.: 3285 kJ/782 kcal,
31 g E, 26 g F, 94 g KH

BROKKOLI-QUICHE

250 g Weizenvollkornmehl
Salz, Zucker
1/2 Hefewürfel
100 g Butter
500 g Brokkoli
1 Gemüsezwiebel
Butter für die Form
200 g Jagdwurst, gewürfelt
4 Eier
250 g süße Sahne
Pfeffer aus der Mühle
frisch ger. Muskatnuß

1. Mehl, Salz, 1 Prise Zucker, zerbröckelte Hefe, 6 El lauwarmes Wasser und weiche Butter zu einem glatten Teig verkneten. Diesen zugedeckt ca. 30 Minuten gehen lassen.
2. Den Brokkoli putzen, waschen, in kleine Röschen teilen und in leicht gesalzenem Wasser ca. 4 Minuten garen. Die Zwiebel schälen und in dünne Ringe schneiden. Backofen auf 200 °C vorheizen.
3. Eine Pizzaform mit Butter ausstreichen. Den Teig zu einem Kreis von ca. 30 cm Ø ausrollen, die Pizzaform damit auslegen. Das Gemüse und die

Wurst darauf verteilen. Eier mit Sahne verrühren, mit Salz, Pfeffer und Muskat würzen und über das Gemüse geben. Im Backofen auf der mittleren Einschubleiste ca. 45 Minuten backen.

Zubereitungszeit: ca. 1 1/4 Stunden
Pro Portion ca.: 3514 kJ/836 kcal,
34 g E, 52 g F, 45 g KH

LAUCH-QUICHE

150 g Mehl
110 g Butter
1 Eigelb
Salz
3-4 El Eiswasser
750 g Lauch
2 Gemüsezwiebeln
1 Knoblauchzehe
Pfeffer aus der Mühle
2 El Paniermehl
1 Bd. Petersilie
4 El Weißwein
75 g Crème fraîche
100 g süße Sahne
3 Eier
frisch geriebene Muskatnuß
100 g geriebener Gouda

1. Mehl, 80 g Butter, Eigelb, Salz und Eiswasser zu einem glatten Teig verkneten. Ca. 30 Minuten kühl stellen.

2. Den Lauch putzen, schräg in Stücke schneiden und waschen. Die Zwiebeln schälen und in Würfel schneiden. Die Knoblauchzehe pellen und durchpressen.

3. Den Backofen auf 200 °C vorheizen. Die restliche Butter in einer Pfanne erhitzen, die Zwiebeln darin andünsten. Den Lauch und den Knoblauch dazugeben. Mit Salz und Pfeffer würzen.

4. Eine Quiche- oder Springform (21 cm Ø) mit dem Teig auslegen. Die Ränder hochdrücken und den Boden mit einer Gabel mehrmals einstechen. Mit Paniermehl ausstreuen. Das Gemüse darauf verteilen. Die Petersilie waschen, trockenschütteln und fein hacken. Weißwein mit Crème fraîche, Sahne, Petersilie und Eiern verrühren. Mit Salz, Pfeffer und Muskatnuss würzen.

5. Die Eiermasse über das Gemüse geben und den Käse darauf verteilen. Die Quiche auf der mittleren Einschubleiste ca. 45 Minuten backen.

Zubereitungszeit: ca. 1 1/4 Stunden
Pro Portion ca.: 2844 kJ/677 kcal,
23 g E, 43 g F, 41 g KH

TEXANISCHER BATATEN-KUCHEN

800 g Bataten
300 g Kidneybohnen (Dose)
1 Zwiebel
250 g Rindersaftschinken
2 Bd. Petersilie
1 Bd. Kerbel
30 g Butter
Salz, Pfeffer a. d. Mühle
100 g ger. Gouda
1 P. Blue Cheese Dressing
(Fertigprodukt)

1. Die Bataten schälen, waschen und in Scheiben schneiden. Die Kidneybohnen abgießen und gut abtropfen lassen.
2. Die Zwiebel schälen und in Würfel schneiden. Den Rindersaftschinken in Streifen schneiden. Die Kräuter waschen, trockentupfen und die Blättchen abzupfen.
3. Die Butter in einer Pfanne erhitzen, die Zwiebeln darin andünsten. Die Bataten dazugeben und ca. 5 Minuten braten.
4. Den Backofen auf 200 °C vorheizen. Ein Backblech mit Backpapier auslegen und die Batatenscheiben mit den Zwiebeln darauf verteilen. Die

Kidneybohnen, den Rindersaftschinken, die Kräuter und den Käse darauf verteilen. Mit Salz und Pfeffer würzen.
5. Das Ganze auf der mittleren Einschubleiste des Ofens ca. 30 Minuten backen.
6. Das Dressing zum Bataten-Kuchen servieren.

Zubereitungszeit: ca. 1 Stunde
Pro Portion ca.: 3003 kJ/715 kcal,
39 g E, 27 g F, 67 g KH

LAUCH-KÄSE-KRAPFEN

500 g Lauch
500 g Tomaten
1 Zwiebel
1 Knoblauchzehe
2 El Öl
1 El Tomatenmark
Salz, Pfeffer a. d. Mühle
1 Tl Kümmelsamen
Paprikapulver, edelsüß
250 ml Weißwein
50 g Butter
frisch ger. Muskatnuß
125 g Mehl
4 Eier
1 Tl Backpulver
50 g geriebener Gouda
50 g geriebener Parmesan

1. Den Lauch putzen, schräg in ca. 1 cm große Stücke schneiden und waschen. Die Tomaten waschen, kreuzweise einschneiden, kurz in siedendes Wasser tauchen, enthäuten und in Würfel schneiden.

2. Das Öl in einer Pfanne erhitzen und den Lauch darin andünsten. Die Tomaten dazugeben. Das Tomatenmark unterrühren. Mit Salz, Pfeffer, Kümmel und Paprika abschmecken. Mit 125 ml Wein angießen. Den Backofen auf 220 °C vorheizen.

3. Den restlichen Wein, die Butter, etwas Salz und Muskat in einem Topf erhitzen. Den Topf vom Herd nehmen, das Mehl hineinstreuen und mit dem Knethaken des Handrührgerätes unterkneten, bis sich der Teig

als Kloß vom Boden löst. Anschließend etwas abkühlen lassen.

4. Nach und nach Eier, Backpulver, Gemüse und Käse unterkneten. Mit einem Löffel walnußgroße Teighäufchen auf ein mit Backpapier ausgelegtes Backblech setzen und auf der mittleren Einschubleiste ca. 20 Minuten backen.

Zubereitungszeit: ca. 45 Minuten
Pro Portion ca.: 2177 kJ/518 kcal,
23 g E, 23 g F, 35 g KH

Den Blätterteig auf einem Küchentuch zu einem Rechteck von 40x45 cm ausrollen.

Die Sauerkraut-Käse-Mischung mit einem Löffel auf den Strudelteig geben.

Mit Hilfe des Küchentuches den Strudel von einem Ende zum anderen zusammenrollen.

Den Strudel an den Teigenden zusammendrücken und sie unter den Strudel schlagen.

Champagnerkraut-Strudel: Ein pikanter Strudel mit Sauerkraut und Chester.

CHAMPAGNER-KRAUT-STRUDEL

Für 4 Portionen:

300 g TK-Blätterteig
1 Zwiebel
200 g durchwachsener Speck
400 g Sauerkraut
1 Apfel
1/8 l Sekt
Salz
Pfeffer aus der Mühle
125 g Chester

1. Den Blätterteig nach Packungsanweisung auftauen lassen.
2. Die Zwiebel pellen und in Würfel schneiden. Den Speck ebenfalls in Würfel schneiden und in einem Topf auslassen.
3. Die Zwiebelwürfel dazugeben, glasig dünsten.

4. Das Sauerkraut gut abtropfen lassen und zu der Speck-Zwiebel-Mischung geben.
5. Den Apfel schälen, halbieren, entkernen und in Würfel schneiden. Zusammen mit dem Sekt zu dem Sauerkraut geben. Zugedeckt bei milder Hitze ca. 20 Minuten garen. Mit Salz und Pfeffer abschmecken und abkühlen lassen.
6. Den Käse in Würfel schneiden und dann unter das Champagnerkraut mischen.
7. Die Blätterteigplatten übereinanderlegen und wie beschrieben ausrollen. Die Füllung darauf verteilen, dabei rundherum einen ca. 3 cm breiten Rand frei lassen. Den Teig von der schmalen Seite her zu

einem Strudel aufrollen, die Teigenden wie beschrieben zusammendrücken.
8. Den Strudel mit der Nahtstelle nach unten auf ein mit kaltem Wasser abgespültes Backblech legen und im vorgeheizten Backofen bei 220°C (Gas Stufe 4/Umluft 200°C) auf der 2. Einschubleiste von unten ca. 10 Minuten backen. Die Hitze auf 175°C reduzieren und den Strudel weitere 25 Minuten backen.

Zubereitungszeit:
ca. 1 1/4 Stunden
Pro Portion ca. 2725 kJ/649 kcal,
22 g Eiweiß, 42 g Fett,
29 g Kohlenhydrate

GEMÜSETASCHEN

Für 4 Portionen:

*100 g Mehl und Mehl zum
Bearbeiten des Teigs
100 g Magerquark
75 g Butter
1 Prise Salz
je 1 rote und gelbe
Paprikaschote
2 Tomaten
150 g Brokkoli
Pfeffer aus der Mühle
150 g Schafskäse
1 Eigelb
Kräuter zum Garnieren*

1. Das Mehl mit dem
Quark, der Butter und et-
was Salz verkneten. Den
Teig zugedeckt ca. 4 Stunden kühl stellen.
2. Die Paprikaschoten
längs halbieren, die Stielansätze herausschneiden
und Kerne und Innenhäute
entfernen. Die Schoten
waschen und in feine Streifen schneiden.
3. Die Tomaten waschen,
den grünen Stielansatz
entfernen und die Tomaten
in Scheiben schneiden.
4. Den Brokkoli putzen,
waschen und in Röschen
teilen.

5. Den Teig auf einer bemehlten Arbeitsfläche ca.
1 cm dick ausrollen und
4 Kreise von ca. 15 cm
Durchmesser ausstechen.
6. Die Teigkreise auf ein
gefettetes Backblech le-
gen, mit einer Gabel mehrmals einstechen.
7. Die Gemüse mischen
und mit Salz und Pfeffer
würzen. Den Schafskäse in
kleine Würfel schneiden.
8. Die Teigkreise jeweils
zur Hälfte mit der Gemüsemischung belegen, den
Schafskäse darüberstreu-
en. Die Kreise zusammen-
klappen, mit dem verrühr-

ten Eigelb bestreichen und
im vorgeheizten Backofen
bei 180°C (Gas Stufe 2 /
Umluft 160°C) auf der
2.Einschubleiste von unten
ca. 30 Minuten backen.
9. Die Gemüsetaschen
mit Kräutern garniert servieren.

Zubereitungszeit (ohne Kühlzeit):
ca. 1 Stunde
Pro Portion ca. 1801 kJ/429 kcal,
17 g Eiweiß, 25 g Fett,
27 g Kohlenhydrate

Besonders saftig: Pie mit einer Füllung aus Sommergemüse und Mascarpone.

GEMÜSE-PIE MIT MASCARPONE

Für 12 Stücke:

500 g Mehl
Salz
100 ml Olivenöl
1 Zucchini
1 Aubergine
1 rote Paprikaschote
1 Zwiebel
2 Tomaten
1/4 Bund Basilikum
1/4 Bund Oregano
1 Knoblauchzehe
Pfeffer aus der Mühle
200 g Mascarpone
4 El Milch
2 El Crème fraîche
50 g gehobelter Bel Paese
Butter für die Form
Mehl für die Form und zum
Ausrollen
Etwas Öl zum Bestreichen

1. Das Mehl mit 225 ml Wasser, 1 Tl Salz und 75 ml Öl mit den Knethaken des Handrührers zu einem glatten Teig verkneten. Den Teig ca. 1 Stunde unter einem feuchten Tuch ruhen lassen.

2. Inzwischen die Zucchini und die Aubergine putzen, waschen und in Scheiben schneiden. Die Paprika halbieren, das Kerngehäuse entfernen, die Schotenhälften waschen und in Streifen schneiden. Die Zwiebel pellen und würfeln. Die Tomaten waschen, kreuzweise einritzen, kurz in siedenes Wasser tauchen, abschrecken, häuten, vierteln und in Würfel schneiden. Die Kräuter wachen, trockenschütteln und fein hacken.

3. Das restliche Öl in einem Topf erhitzen und die Zucchini und die Auberginen darin ca. 5 Minuten dünsten. Dann die Tomaten dazugeben. Den Knoblauch pellen, durchpressen und mit den Kräutern unterrühren. Mit Salz und Pfeffer würzen. Das Gemüse bei milder Hitze weitere 5 Minuten zugedeckt köcheln lassen.

4. Den Mascarpone mit der Milch, der Crème fraîche und dem Bel Paese verrühren. Mit Salz und Pfeffer würzen. Die Creme unter das Gemüse heben.

5. Eine Springform (24 cm Ø) mit Butter ausfetten und mit Mehl bestäuben. Den Teig auf der bemehlten Arbeitsfläche zu einem Kreis von ca. 50 cm Ø ausrollen und mit Öl bestreichen.

6. Den Teig in die Springform legen, die Ränder etwas andrücken und den restlichen Teig über den Rand lappen lassen. Die Gemüse-Käse-Mischung einfüllen und mit dem überlappenden Teig bedecken. Die Ränder so zusammendrücken, daß in der Mitte ein Loch offen bleibt, damit die Hitze entweichen kann.

7. Die Pie im vorgeheizten Backofen bei 200°C (Gas Stufe 3/Umluft 180°C) auf der 2. Einschubleiste von unten ca. 70 Minuten backen. Warm servieren.

Zubereitungszeit (ohne Ruhezeit):
ca. 1 3/4 Stunden
Pro Stück ca. 1086 kJ/258 kcal,
8 g Eiweiß, 9 g Fett,
30 g Kohlenhydrate

ZWIEBEL-SCHINKEN-SCHNECKEN

300 g Blätterteig (TK-Produkt)
300 g Schalotten
20 g Butter
Salz, Pfeffer a. d. Mühle
100 g gekochter Schinken
100 g roher Schinken
1 Bd. Schnittlauch
100 g geriebener Emmentaler
1 Ei
frisch geriebene Muskatnuß

1. Den Blätterteig nach Packungsanweisung auftauen lassen. Die Schalotten schälen und in Ringe schneiden.
2. Die Butter in einer Pfanne erhitzen und die Schalotten darin ca. 4 Minuten dünsten. Anschließend mit Salz und Pfeffer würzen.
3. Beide Schinkensorten in Würfel schneiden. Den Schnittlauch waschen, trockentupfen und in feine Röllchen schneiden.
4. Den Käse mit dem Ei verrühren. Den Schnittlauch und die Schinkenwürfel untermischen. Mit Salz, Pfeffer und Muskat würzen. Den Backofen auf 220 °C vorheizen.

5. Die Blätterteigplatten übereinanderlegen und zu einem Quadrat von 40 x 40 cm ausrollen. Die Schalotten und die Schinken-Käse-Mischung darauf verteilen und den Teig aufrollen. Die Rolle in ca. 2 cm breite Scheiben schneiden und auf ein mit Backpapier ausgelegtes Backblech legen. Die Schnecken auf der mittleren Einschubleiste ca. 25 Minuten backen.

Zubereitungszeit: ca. 40 Minuten
Pro Portion ca.: 2934 kJ/698 kcal,
26 g E, 47 g F, 32 g KH

PIKANTE BOHNEN-TARTE

800 g Prinzeßbohnen
1 Gemüsezwiebel
20 g Butter
Salz, Pfeffer a. d. Mühle
300 g gekochtes Rindfleisch
1 El Zitronensaft
4 Blatt weiße Gelatine
125 ml Weißwein
1 Mürbeteigboden vom Bäcker
3 El Erdnußbutter

1. Die Bohnen putzen und waschen. Die Zwiebel schälen und in Ringe schneiden.
2. Die Butter in einer Pfanne erhitzen, die Zwiebeln darin andünsten. Die Bohnen dazugeben und mit Salz und Pfeffer würzen.
3. Das Rindfleisch in schmale Streifen schneiden und mit Zitronensaft beträufeln.
4. Die Gelatine in kaltem Wasser einweichen, ausdrücken und mit 75 ml Wasser bei kleiner Hitze auflösen, den Weißwein dazugeben und das Ganze mit Salz und Pfeffer abschmecken.

5. Den Boden mit der Erdnußbutter bestreichen, das Gemüse und das Rindfleisch darauf verteilen. Den Weinguß darüber geben. Alles kühl stellen, in ca. 2 Stunden fest werden lassen.

Zubereitungszeit: ca. 3 Stunden
Pro Portion ca.: 3972 kJ/ 945 kcal,
43 g E, 19 g F, 84 g KH

PIKANTE LINSENTARTE

400 g getrocknete Linsen
100 g Butter
1 Ei
1 Eigelb
100 g Mehl
Salz
2 Stangen Lauch
1 Bd. Frühlingszwiebeln
2 Äpfel
1 El Zitronensaft
200 g Feta
2 El Olivenöl
1 Peperoni
2 El Chilisauce
Pfeffer aus der Mühle
200 g süße Sahne

1. Die Linsen in abgekochtem lauwarmen Wasser über Nacht quellen lassen.
2. Die Linsen abgießen und in Wasser ca. 45 Minuten kochen.
3. Den Backofen auf 180 °C vorheizen. Die Butter schaumig rühren. Ei, Eigelb, Mehl und etwas Salz unterrühren. Anschließend den Teig in eine Gratinform streichen und ca. 10 Minuten ruhen lassen.
4. Den Lauch und die Frühlingszwiebeln putzen, schräg in Stücke schneiden und waschen. Die Äpfel schälen, vierteln, das Kerngehäuse entfernen und Äpfel in Spalten schneiden. Mit Zitronensaft beträufeln. Den Käse in kleine Würfel schneiden. Die Peperoni halbieren, entkernen, waschen und hacken.

5. Den Teig im Backofen auf der mittleren Einschubleiste ca. 10 Minuten backen. Das Öl in einer Pfanne erhitzen und Lauch, Frühlingszwiebeln und Äpfel darin andünsten. Anschließend mit den Linsen und den Peperoni mischen, mit Chilisauce und Pfeffer würzen und auf dem Teig verteilen. Die Sahne darüber geben und die Käsewürfel darauf verteilen. Das Ganze im Backofen ca. 8 Minuten goldgelb backen.

Zubereitungszeit: ca. 2 Stunden
Pro Portion ca.: 3560 kJ/847 kcal,
27 g E, 55 g F, 51 g KH

BOHNEN-MAIS-SCHNITTEN

200 g Maismehl
100 g Butter, Butter f. d. Form
Salz
275 g Mais a. d. Dose
100 g Tomatenpaprika a. d. Glas
200 g weiße Bohnen a. d. Dose
225 g Crème double
4 Eier
2 Eigelb
1 El Mehl
2 El Milch
Pfeffer aus der Mühle
frisch ger. Muskatnuß
200 g geraspelter Butterkäse

1. Maismehl, Butter, Salz und 100 ml Wasser verkneten. Teig 2-3 Stunden kühl stellen.
2. Den Mais, den Tomatenpaprika und die Bohnen abtropfen lassen.
3. Crème double, Eier und Eigelb verrühren. Mehl und Milch verrühren und dazugeben. Mit Salz, Pfeffer und Muskat würzen. Backofen auf 200 °C vorheizen.
4. Eine Springform (28 cm Ø) mit Butter ausstreichen und mit dem Teig auskleiden.
5. Gemüse auf den Teig verteilen, die Eiercreme darüber geben und mit dem Käse bestreuen. Im Backofen auf der mittleren Einschubleiste ca. 30 Minuten backen.

Zubereitungszeit: ca. 4 Stunden
Pro Portion ca.: 3528 kJ/840 kcal,
33 g E, 52 g F, 52 g KH

Diese bunte Partypizza hat einen saftigen Quark-Öl-Teig als Grundlage, der schnell und einfach zubereitet werden kann.

GEMÜSE-SALAMI-PIZZA MIT RICOTTA

Für 1 Backblech (ca. 12 Stück):

400 g Mehl
1 El Salz
2 Tl Backpulver
200 g Magerquark
8 El Milch
12 El Olivenöl
Fett und Mehl für das Blech
300 g Gemüsezwiebeln
Salz
Pfeffer aus der Mühle
1 Tl Oregano
200 g Ricotta
200 g TK-Erbsen
150 g Salami, in feine Scheiben geschnitten
1 rote Paprikaschote

1. Das Mehl in eine Schüssel sieben, mit dem Salz und Backpulver vermischen. Den Quark abtropfen lassen. Quark, Milch und 8 El Olivenöl dazugeben. Alle Zutaten mit dem Knethaken des Handrührgeräts zu einem glatten Teig verkneten. Den Teig auf einem gefetteten und bemehlten Backblech ausrollen.

2. Die Gemüsezwiebeln pellen und in Ringe schneiden. 2 El Öl in einer Pfanne erhitzen und die Zwiebeln darin glasig dünsten. Mit Salz, Pfeffer und Oregano würzen. Die Zwiebelringe abkühlen lassen und den Ricotta und die Erbsen untermischen.

3. Den Paprika putzen, waschen, halbieren, entkernen und in feine Streifen schneiden. Die Salamischeiben und Paprikastreifen auf den Teig verteilen. Die Gemüse-Käse-Mischung darüber geben. Die Pizza mit 2 El Öl beträufeln und im vorgeheizten Backofen bei 175°C (Gas Stufe 2/Umluft 150°C) auf der 2. Einschubleiste von unten ca. 25 Minuten backen. Heiß servieren.

Zubereitungszeit: ca. 40 Minuten
Pro Stück ca. 1123 kJ/265 kcal,
9 g Eiweiß, 14 g Fett,
20 g Kohlenhydrate

SPINATWAFFELN

1 kg Blattspinat
1 Zwiebel
150 g Butter
Salz
Pfeffer aus der Mühle
frisch geriebene Muskatnuß
100 g geraspelter Butterkäse
4 Eier
3 El Milch
200 g Mehl
1/2 Tl Backpulver

1. Den Spinat verlesen und gründlich waschen. Die Zwiebel schälen und fein hacken.
2. 2 El Butter in einer Pfanne erhitzen und den Spinat darin so lange dünsten, bis er zusammengefallen ist. Den Spinat kräftig mit Salz, Pfeffer und Muskat würzen.
3. Die restliche Butter mit Käse, Eiern, Milch, Mehl und Backpulver verrühren.
4. Den Spinat vorsichtig unter den Teig ziehen. Das Waffeleisen aufheizen, eventuell ausfetten und portionsweise aus jeweils 3 El Teig goldbraune Waffeln backen.

Zubereitungszeit: ca. 45 Minuten
Pro Portion ca.: 2920 kJ/695 kcal,
26 g E, 45 g F, 35 g KH

BLÄTTERTEIGTASCHEN

600 g Rosenkohl
Salz
1 Dose Maronen (425 ml)
100 ml Weißwein
1 El Zitronensaft
200 g Apfelwürfel
600 g TK-Blätterteig, aufgetaut
1 Zw. Rosmarin
1 Zw. Thymian
2 Tl mittelscharfer Senf
1 Ei

1. Den Rosenkohl putzen, waschen und in leicht gesalzenem Wasser ca. 12 Minuten garen.

2. Wein mit Zitronensaft aufkochen und Apfelwürfel darin ca. 2 Minuten ziehen lassen. Abtropfen lassen.

3. Den Blätterteig zu einer Größe von 50 x 50 cm ausrollen und in 8 Vierecke schneiden. Backofen auf 200 °C vorheizen.

4. Abgetropften Rosenkohl und abgetropfte Maronen auf die Mitte der Vierecke verteilen.

5. Die Kräuter mit Senf und den Apfelstücken mischen. Die Masse auf dem Rosenkohl verteilen.

6. Das Ei verquirlen und die Ränder der Blätterteigvierecke damit bestreichen. Aus dem Teig kleine Taschen formen und die Ränder fest zusammendrücken.

7. Die Blätterteigtaschen im Back-ofen auf der mittleren Einschubleiste 15-20 Minuten backen.

Zubereitungszeit: ca. 45 Minuten
Pro Portion ca.: 3757 kJ/894 kcal,
15 g E, 51 g F, 77 g KH

MARONEN-KÄSE-WÄHE

Für 12 Stück:

*100 g Weizenmehl
(Type 405)
100 g Buchweizenmehl
Salz
1 Tl Backpulver
100 g abgetropften Quark
4 El Milch
4 El Sonnenblumenöl
Butter für die Form
400 g Linsen zum Blind-
backen
1 Bund Frühlingszwiebeln
200 g Möhren
2 grüne Paprikaschoten
200 g Staudensellerie
300 g Tomaten
1 Bund Petersilie
200 g Maronenpüree
(Tiefkühlprodukt)
200 g Kräuterfrischkäse
3 El süße Sahne*

1. Das Weizenmehl und das Buchweizenmehl in eine Schüssel geben und mischen. Das Salz, Backpulver, Quark, Milch und Öl dazugeben. Mit dem Knethaken des Handrührers alles rasch verrühren. Wenn der Teig bröcklig wird, mit den Händen weiterkneten.

2. Eine Springform (28 cm Ø) mit Butter ausfetten. Den Teig ausrollen und in die Form geben. Den Rand 3-4 cm hochziehen. Den Boden mit Backpapier auslegen und die Linsen darauf verteilen. Im vorgeheizten backofen bei 175°C (Gas Stufe 2/Umluft 160°C) auf der 2. Einschubleiste von unten 10 Minuten vorbacken.

3. Die Frühllingszwiebeln putzen, waschen und in Ringe schneiden. Die Möhren putzen, schälen und in Scheiben schneiden. Den Paprika waschen, halbieren, putzen und in schmale Streifen schneiden. Sellerie putzen, waschen und in Stücke schneiden.

4. Das Gemüse in wenig kochendem Salzwasser ca. 10 Minuten blanchieren. Die Tomaten waschen, kreuzweise einritzen, kurz in siedenes Wasser tauchen, häuten, halbieren, entkernen und in Würfel schneiden.

5. Die Petersilie waschen, trockenschütteln und fein hacken. Die Form aus dem Ofen nehmen, die Linsen und das Backpapier entfernen. Den Teig mit Maronenpüree bestreichen. Das Gemüse darauf verteilen. Alles mit den Kräutern bestreuen.

6. Den Käse mit der Sahne verrühren. Mit Salz und Pfeffer abschmecken und auf die Wähe geben. Im vorgeheizten Backofen ca. 25 Minuten bei 225°C (Gas Stufe 4/Umluft 200°C) auf der 2. Einschubleiste von unten fertigbacken.

Zubereitungszeit: ca. 1 Stunde
Pro Stück ca. 1097 kJ/261 kcal,
8 g Eiweiß, 16 g Fett,
17 g Kohlenhydrate

SCONES MIT AVOCADO-CREME

500 g Mehl
1 Päckchen Backpulver
Salz
125 g Butter
200 ml Milch
2 Avocados
150 g Joghurt
Zitronensaft
50 g Crème fraîche
Cayennepfeffer
Zitronenmelisse

1. Den Backofen auf 250 °C vorheizen. Mehl, Backpulver und etwas Salz in einer Schüssel mischen. Die weiche Butter in Flöckchen dazugeben und mit den Händen unterkneten. Milch nach und nach unterrühren und alles zu einem weichen Teig verarbeiten.
2. Den Teig auf einer bemehlten Arbeitsfläche ca. 1 cm dick ausrollen. Kreise von 6 cm Ø ausstechen. Auf ein mit Backpapier ausgelegtes Backblech legen und auf der mittleren Einschubleiste ca. 15 Minuten backen.
3. Die Avocados halbieren, den Stein entfernen und das Fruchtfleisch aushöhlen. Fruchtfleisch,

Joghurt und Zitronensaft mit dem Schneidstab des Handrührers pürieren, Crème fraîche unterrühren. Mit Salz und Cayennepfeffer abschmecken.
4. Die Scones mit der Avocadocreme anrichten und mit Zitronenmelisse garniert servieren.

Zubereitungszeit: ca. 30 Minuten
Pro Portion ca.: 4034 kJ/960 kcal,
17 g E, 56 g F, 86 g KH

TEIGHERZEN MIT SPINATFÜLLUNG

300 g Blätterteig (TK-Produkt)
500 g Blattspinat
20 g Butter
1 Knoblauchzehe, gehackt
1 Zwiebel, gehackt
Salz, Pfeffer a. d. Mühle
2 Fleischtomaten
100 g Crème fraîche
200 g Schafskäse
3 El gemahlene Mandeln
1 Eigelb
1 Eiweiß
2 El Milch

1. Den Blätterteig nach Packungsanweisung auftauen lassen. Den Spinat verlesen und waschen.
2. Die Butter in einer Pfanne erhitzen, Zwiebel und Knoblauch darin andünsten. Anschließend den Spinat dazugeben und zusammenfallen lassen. Das Ganze mit Salz und Pfeffer abschmecken.
3. Die Tomaten waschen und in Würfel schneiden. Den Käse mit einer Gabel zerdrücken. Den Backofen auf 175 °C vorheizen. Dann ein Backblech mit Backpapier auslegen.
4. Die Teigplatten übereinander legen und 35 x 35 cm ausrollen. 12 Teigherzen ausstechen und 6 auf das Blech legen.

5. In die Mitte der Herzen etwas Spinat, etwas Crème fraîche, einige Tomatenwürfel, etwas Käse und Mandeln geben. Die Ränder mit Eiweiß bestreichen. Ein zweites Herz darauf legen und die Ränder andrücken. Die Herzen mit Eigelb und Milch bestreichen. Die Spinatherzen im Backofen auf der mittleren Einschubleiste 20 Minuten backen.

Zubereitungszeit: ca. 40 Minuten
Pro Portion ca.: 2534 kJ/603 kcal,
18 g E, 44 g F, 25 g KH

Hauptsache Gemüse

Gemüse kann man braten,
backen, kochen, dünsten,
grillen, auf Spieße stecken,
füllen, in Saucen servieren ...
Gibt es eigentlich irgend etwas,
das man mit Gemüse nicht
machen kann?

SAHNIGES SPARGELRAGOUT

250 g grüner Spargel
250 g weißer Spargel
Salz
Zucker
250 g Hackfleisch
1 Ei
Pfeffer aus der Mühle
2 El Butter
1 Schalotte
2 El Sonnenblumenöl
4 El Wermouth
400 ml Gemüsefond
200 g süße Sahne
125 g frisch geriebener
Parmesan
4 El heller Saucenbinder
frisch geriebene Muskatnuß
Zitronensaft
100 g gekochter Schinken

1. Den Spargel waschen. Den grünen Spargel im unteren Drittel schälen. Den weißen Spargel ganz schälen. Die holzigen Enden abschneiden.
2. 750 ml Salzwasser mit einer Prise Zucker zum Kochen bringen. Den Spargel ca. 10 Minuten darin garen.
3. Das Hackfleisch mit dem Ei verkneten und mit Salz und Pfeffer kräftig abschmecken. Dann aus der Masse kleine Hackfleischbällchen formen.
4. Die Butter in einer Pfanne erhitzen und die Hackfleischbällchen darin braten.
5. Die Schalotte schälen und in Ringe schneiden. Das Öl in einem Topf erhitzen und die Schalotte darin andünsten. Mit Wermouth und Gemüsefond angießen.

6. Die Sahne und den Käse unterrühren. Mit Saucenbinder andicken und mit Salz, Pfeffer, Muskat und Zitronensaft abschmecken.
7. Den Schinken in dünne Streifen schneiden und zur Sauce geben.
8. Den Spargel und die Hackfleischbällchen mit der Sauce auf Tellern anrichten.

Zubereitungszeit: ca. 30 Minuten
Pro Portion ca.: 2111 kJ/502 kcal,
22 g E, 39 g F, 6 g KH

ASIATISCHER STECKRÜBEN-TELLER

250 g Steckrüben
300 g Schweinefilet
3 El Öl
Salz
Pfeffer aus der Mühle
Paprikapulver, edelsüß
150 g Möhren
125 g Sojasprossen
250 g Chinakohl
frischer Ingwer
500 ml Gemüsefond
1 Tl Honig
3 El Sojasauce
Sambal Oelek

1. Die Steckrüben unter fließendem Wasser abbürsten, schälen, holzige Stellen entfernen. Rüben abtrocknen und in Würfel schneiden.
2. Das Fleisch in Streifen schneiden. Das Öl in einer großen Pfanne erhitzen, die Rüben und das Fleisch darin anbraten. Mit Salz, Pfeffer und Paprikapulver würzen.
3. Die Möhren putzen, waschen und in Streifen schneiden. Den Chinakohl waschen und in Streifen schneiden. Möhren, Chinakohl und Sojasprossen zum Fleisch geben.
4. Den Ingwer schälen, reiben und dazugeben. Den Gemüsefond angießen. Alles ca. 10 Minuten köcheln lassen.
5. Mit Honig, Sojasauce und Sambal Oelek abschmecken.

Zubereitungszeit: ca. 1 Stunde
Pro Portion ca.: 749 kJ/178 kcal,
18 g E, 6 g F, 8 g KH

ZUCCHINI AUF SIZILIANISCHE ART

4 mittelgroße Zucchini
200 g altbackenes Weißbrot
1 Bd. Petersilie
3 Knoblauchzehen
3 El Butter
1 El Rosmarin
1 El Kapern
1 kleine Dose Sardellenfilets
80 g frisch geriebener Parmesan
Salz
Pfeffer aus der Mühle
Fett für die Form
1 Dose Tomaten (450 g)

1. Die Zucchini waschen, längs einen Deckel abschneiden und das Fruchtfleisch bis auf einen 1 cm dicken Rand aushöhlen.
2. Das Weißbrot und das Fruchtfleisch mit dem Schneidstab des Handrührgerätes grob pürieren. Die Petersilie waschen, trockenschütteln und fein hacken. Anschließend die Knoblauchzehen pellen und durchpressen.
3. Den Backofen auf 200 °C vorheizen. Das Brot-Zucchini-Püree mit der Petersilie und dem Knoblauch mischen. Die Butter in einem Topf erhitzen und die Masse darin 4-5 Minuten braten. Rosmarin, Kapern, Sardellen und Käse untermischen und mit Salz und Pfeffer würzen.

4. Die Zucchinihälften in eine ausgefettete ofenfeste Form geben, mit der Farce füllen, die Deckel aufsetzen, die Tomaten zwischen den Zucchini verteilen und das Ganze auf der mittleren Einschubleiste ca. 40 Minuten backen.

Zubereitungszeit: ca. 1 1/2 Stunden
Pro Portion ca.: 1924 kJ/434 kcal,
18 g E, 20 g F, 39 g KH

KARLSBACHER ZWIEBELN MIT FEINER FÜLLUNG

800 g Gemüsezwiebeln
200 g Mett
Salz
Pfeffer aus der Mühle
1/4 Bd. Majoran
1 Tl Senf
1 Ei
100 g Butterkäse
150 g TK-Erbsen
2 El Öl
250 ml Gemüsebrühe
2 El Crème fraîche

1. Die Zwiebeln schälen, oben einen Deckel abschneiden, das Innere der Zwiebeln herausschneiden und klein hacken.
2. Die Zwiebelwürfel mit dem Mett verkneten. Anschließend das Ganze mit Salz und Pfeffer kräftig abschmecken.
3. Majoran waschen, trockentupfen, fein hacken und mit dem Senf und dem Ei verrühren. Den Käse in Würfel schneiden und mit den Erbsen und den Kräutern zur Eimischung geben.
4. Die Masse in die Zwiebeln füllen und die Deckel aufsetzen. Das Öl in einem Bräter erhitzen und die Zwiebeln darin andünsten. Die Gemüsebrühe angießen und die Zwiebeln zugedeckt ca. 30 Minuten schmoren lassen.
5. Die Zwiebeln auf Teller geben und mit einem Klecks Crème fraîche servieren.

Zubereitungszeit: ca. 1 1/4 Stunden
Pro Portion ca.: 1669 kJ/397 kcal,
22 g E, 23 g F, 17 g KH

GELDERLÄNDER ZWIEBELROLLE

16 mittelgroße Blätter Wirsing
Salz
300 g kleine Zwiebeln
1 Bd. Frühlingszwiebeln
300 g Möhren
2 Tomaten
3 El Öl
6 Rosmarinnadeln
Pfeffer aus der Mühle
250 ml Weißwein
100 g Crème fraiche
2 El Butter
1 Bd. Petersilie

1. Die Wirsingblätter waschen und in leicht gesalzenem Wasser ca. 1 Minute blanchieren. Herausnehmen und abtropfen lassen.
2. Die Zwiebeln schälen und würfeln. Frühlingszwiebeln putzen, waschen und in Stücke schneiden. Die Möhren putzen, schälen, waschen und in Scheiben schneiden. Die Tomaten kreuzweise einschneiden, kurz in siedendes Wasser tauchen, enthäuten und in Würfel schneiden.
3. Das Öl in einer Pfanne erhitzen, die Zwiebeln und die Frühlingszwiebeln darin andünsten, die Möhren und die Tomaten dazugeben und ca. 5 Minuten schmoren.
4. Die Rosmarinnadeln dazugeben und mit Salz und Pfeffer würzen. Weißwein angießen und

das Gemüse 8-10 Minuten köcheln lassen.
5. Crème fraîche unter das Gemüse rühren und aufkochen lassen.
6. Jeweils 2 Wirsingblätter übereinander legen und das Gemüse darauf verteilen. Die Blätter zusammenrollen und mit Rouladenspießen zusammen halten.
7. Die Butter in einer Pfanne erhitzen und die Zwiebelrollen darin ca. 5 Minuten braten.
8. Die Petersilie waschen, trockenschütteln und mit den Rollen auf Tellern anrichten und servieren.

Zubereitungszeit: ca. 50 Minuten
Pro Portion ca.: 1400 kJ/333 kcal,
5 g E, 19 g F, 19 g KH

GEFÜLLTE PAPRIKASCHOTEN

300 g Dinkelkörner
450 ml Gemüsebrühe
2 rote Paprikaschoten
2 gelbe Paprikaschoten
1 Bd. Frühlingszwiebeln
1 Zwiebel, gewürfelt
1 Knoblauchzehe, gepreßt
30 g Butter
Salz, Pfeffer a. d. Mühle
200 g Ricotta
1/2 Bd. Petersilie, gehackt
1/2 Bd. Schnittlauch, gehackt
50 ml Weißwein
150 g ger. mittelalter Gouda

1. Den Dinkel mit der Brühe in einem Topf aufkochen und ca. 30 Minuten quellen lassen.

2. Paprikaschoten waschen, halbieren und das Kerngehäuse entfernen.

3. Frühlingszwiebeln putzen, waschen und schräg in Ringe schneiden. Butter in einer Pfanne erhitzen, Frühlingszwiebeln, Zwiebelwürfel und Knoblauch darin andünsten. Mit Salz und Pfeffer würzen.

4. Backofen auf 200 °C vorheizen. Kräuter, Ricotta und Dinkel zum Gemüse geben, mit Wein angießen.

5. Die Paprikaschoten mit dem Gemüse füllen, in eine ausgefettete Form setzen, mit der Brühe angießen und mit Käse bestreut im Backofen ca. 40 Minuten backen.

Zubereitungszeit: ca. 1 Stunde
Pro Portion ca.: 2066 kJ/492 kcal,
17 g E, 17 g F, 60 g KH

KNACKIGES GEMÜSE MIT FRISCHKÄSE-CREME

Für 4 Portionen:

1 rote Paprikaschote
1 gelbe Paprikaschote
1 Fenchelknolle (ca. 250 g)
2 El Olivenöl
Salz
Pfeffer aus der Mühle
150 g Crème fraîche
200 g Frischkäse
1 Tl Meerrettich
1 Bund Basilikum

1. Die Paprikaschoten waschen, halbieren, das Kerngehäuse entfernen und die Schotenhälften in Streifen schneiden. Den Fenchel putzen, waschen und in Scheiben schneiden.

2. Das Öl in einer Pfanne erhitzen. Das Gemüse darin 8-10 Minuten zugedeckt dünsten, dann mit Salz und Pfeffer würzen.

3. Die Crème fraîche mit dem Frischkäse und dem Meerrettich glattrühren. Mit Salz und Pfeffer würzen.

4. Das Basilikum waschen, trockenschütteln und, bis auf einen Rest zum Garnieren, kleinhacken. Die gehackten Blätter unter den Dip rühren.

5. Das Gemüse auf einer Platte anrichten und mit Basilikum garnieren. Mit dem Dip servieren.

Zubereitungszeit: ca. 20 Minuten
Pro Portion ca. 1213 kJ/289 kcal,
12 g Eiweiß, 18 g Fett,
15 g Kohlenhydrate

Ein Genuß zu jeder Jahreszeit: Gemüse mit einer pikanten Frischkäse-Creme.

SCHNELLE GEMÜSESPIESSE

1 mittelgroße Zucchini
1 rote Paprikaschote
100 g rosa Champignonköpfe
2 Maiskolben aus der Dose
2 mittelgroße Zwiebeln
4 El Olivenöl
1 Tl Worcestersauce
1 Tl mittelscharfer Senf
1 Tl Tomatenketchup
1 El Kräuter der Provence (TK-Produkt)

1. Zucchini, Paprika und Champignons putzen und waschen. Zucchini und Mais in Scheiben schneiden. Die Paprikaschote in Stücke schneiden. Die Zwiebeln schälen und in Spalten schneiden.

2. Das Gemüse und die Pilze abwechselnd auf Grillspieße stecken. Das Öl mit Worcestersauce, Senf, Ketchup und den Kräutern verrühren und das Gemüse damit bestreichen.

3. Die Gemüsespieße auf dem Grill unter gelegentlichem Wenden ca. 15 Minuten grillen. Dabei mehrmals mit Kräuteröl bestreichen.

Zubereitungszeit: ca. 20 Minuten
Pro Portion ca.: 2014 kJ/479 kcal,
12 g E, 12 g F, 73 g KH

MÜNSTERLÄNDER SPARGELTELLER

500 g grüner Spargel
Salz
2 El Zitronensaft
2 El Öl
weißer Pfeffer aus der Mühle
1/4 Bd. Kerbel
50 g milder roher Schinken
50 g Butterkäse
100 g Pumpernickel

1. Den Spargel waschen, das untere Drittel schälen. Dann in kochendem Salzwasser ca. 10 Minuten bissfest garen.
2. Den Zitronensaft mit dem Öl, Salz und Pfeffer und etwas vom Spargelsud verrühren.
3. Kerbel waschen, trockenschütteln und die einzelnen Blättchen abzupfen. Die Hälfte der Blättchen unter die Salatsauce rühren.
4. Den Spargel abgießen und noch lauwarm in die Marinade legen.
5. Den Schinken in kleine Würfel schneiden und den Käse würfeln. Den Pumpernickel zerbröseln.

6. Den Spargel mit der Marinade anrichten. Schinkenwürfel, Kerbelblättchen, Pumpernickel und den Käse darüber streuen.

Zubereitungszeit: 30 Minuten
Pro Portion ca.: 1548 kJ/368 kcal,
13 g E, 12 g F, 44 g KH

GEBACKENES GEMÜSE

Für 4 Portionen:

1 Aubergine (ca. 300 g)
1 Zucchini (ca. 150 g)
500 g weiße Bohnen aus der Dose
1 Zwiebel
2 Knoblauchzehen
3 El Olivenöl
Salz
Pfeffer aus der Mühle
1 El Tomatenmark
2 El Rotwein
100 ml Instant-Gemüsebrühe
2 El Honig
2 El Ketchup
Cayennepfeffer
1 Tl gerebelter Majoran
1 Bund Petersilie

1. Die Aubergine und Zucchini putzen, waschen und in mittelgroße Würfel schneiden.
2. Die Bohnen in ein Sieb geben und abtropfen lassen.
3. Die Zwiebel pellen und fein würfeln. Die Knoblauchzehen pellen und durchpressen.
4. Das Öl erhitzen und die Zwiebelwürfel darin glasig dünsten. Den Knoblauch 2 Minuten mitdünsten.
5. Zucchini und Auberginen dazugeben und unter Rühren ca. 2 Minuten anbraten. Mit Salz und Pfeffer würzen.
6. Das Tomatenmark unterrühren und das Ganze mit dem Rotwein und der Gemüsebrühe ablöschen.
7. Die Bohnen dazugeben, mit dem Gemüse mischen und in eine feuerfeste Form füllen.
8. Den Honig mit dem Ketchup verrühren. Mit Salz, Pfeffer, Cayennepfeffer und Majoran kräftig würzen. Die Sauce über dem Gemüse verteilen.
9. Das Gemüse im vorgeheizten Backofen bei 200°C auf der 2. Einschubleiste von unten ca. 20 Minuten backen.
10. Die Petersilie waschen, trockenschütteln und fein hacken. Das Gemüse mit Petersilie bestreut servieren. Dazu paßt Baguette.

Zubereitungszeit: ca. 1 Stunde
Pro Portion ca. 1730 kJ/412 kcal,
20 g Eiweiß, 11 g Fett,
50 g Kohlenhydrate

Ein delikates Gemüsegericht, im Ofen gebacken: Weiße Bohnen, kombiniert mit Zucchini und Auberginen.

AUBERGINEN NACH ALBANISCHER ART

600 g Auberginen, Salz
400 g Tomaten
2 El Mehl
8 El Olivenöl
1 gehackte Zwiebel
1 zerdrückte Knoblauchzehe
8 gehackte grüne Oliven
300 g Krabben
Pfeffer aus der Mühle
1/4 Bd. Thymian
150 g Mozzarella
2 El Semmelbrösel
1/2 Bd. Petersilie
2 El Kräuteressig
2 El Butter

1. Die Auberginen putzen, waschen, in ca. 2 cm dicke Scheiben schneiden, mit Salz bestreuen und ca. 30 Minuten ziehen lassen.
2. Die Tomaten waschen, kreuzweise einschneiden, kurz in siedendes Wasser tauchen, enthäuten, entkernen und würfeln.
3. Die Auberginenscheiben trockentupfen, in Mehl wenden und in 4 El Öl goldbraun braten. Herausnehmen und auf Küchenpapier abtropfen lassen.
4. Den Backofen auf 200 °C vorheizen. Zwiebeln, Knoblauch und Tomatenwürfel in dem verbliebenen Bratfett ca. 3 Minuten dünsten. Anschließend die Oliven und die Krabben dazugeben. Mit Salz, Pfeffer und Thymian würzen.

5. Ein Backblech mit Backpapier auslegen, die Auberginenscheiben darauf legen und die Krabbenmischung darüber geben.
6. Den Mozzarella in Würfel schneiden und mit den Semmelbröseln mischen. Die Petersilie waschen, trockentupfen, die Blättchen abzupfen. Zusammen mit restlichem Olivenöl und Kräuteressig unterheben. Das Ganze auf den Auberginenscheiben verteilen, mit Butterflöckchen besetzen und auf der mittleren Einschubleiste ca. 8 Minuten backen.

Zubereitungszeit: ca. 45 Minuten
Pro Portion ca.: 2369 kJ/ 564 kcal,
25 g E, 38 g F, 21 g KH

GEGRILLTES GEMÜSE

Für 4 Portionen:
175 g Okraschoten
1 Zucchini
1 Fenchelknolle
1 rote Paprikaschote
2 El Olivenöl
3 El Zitronensaft
1 Knoblauchzehe
2 Zwiebeln
1 Bund gemischte Kräuter
(Dill und Petersilie)
Salz
Pfeffer aus der Mühle

1. Die Okraschoten wa
schen und die Stielansätze
spitz anschneiden. Die
Zucchini in dicke Scheiben
schneiden. Die Fenchel-
knolle waschen, putzen
und in nicht zu dicke Spalten schneiden. Das Fen-
chelgrün für die Garnie-
rung zurückbehalten. Die
Paprikaschote halbieren,
entkernen, waschen und in
grobe Stücke schneiden.
2. Das Öl mit dem Zitronensaft verrühren. Die
Knoblauchzehe pellen und
in die Marinade pressen.
3. Die Zwiebeln pellen
und fein würfeln. Die Kräuter waschen, trocken-
schütteln, hacken und in
die Marinade rühren.
4. Das Gemüse in eine
Schüssel geben und die
Marinade unterziehen.
1 Stunde ziehen lassen.
5. Das Gemüse aus der
Marinade nehmen, abtrop-
fen lassen und mit Salz
und Pfeffer würzen.
6. Vier Stücke Alufolie
von jeweils ca. 30x60 cm
zurechtschneiden und das
Gemüse darin portionswei-
se einpacken. Auf dem
Grill ca. 30 Minuten garen.
7. Das Gemüse mit Fenchelgrün garniert servieren.

Zubereitungszeit (ohne Marinier-
zeit): ca. 30 Minuten
Pro Portion ca. 442 kJ/105 kcal,
3 g Eiweiß, 5 g Fett,
8 g Kohlenhydrate

Okras, Zucchini, Fenchel und Paprika werden in einer pikanten Kräutersauce mariniert.

BUNTE MÖHRENBRATLINGE

400 g Möhren
Saft von 1 Zitrone
1 Bd. Petersilie
3 Zwiebeln, gewürfelt
200 g kernige Haferflocken
1 Ei
1/2 Bd. Estragon, gehackt
250 g Magerquark
75 ml Milch
Zitronenpfeffer
etwas abgeriebene
Zitronenschale
3 El Öl

1. Die Möhren putzen, waschen, fein raspeln und mit Zitronensaft beträufeln.

2. Die Petersilie waschen, trockenschütteln und fein hacken.

3. Die Möhrenraspel mit Zwiebelwürfeln von 2 Zwiebeln, der Petersilie und den Haferflocken mischen. Das Ganze mit dem Ei verkneten.

4. Estragon mit dem Magerquark, der Milch, den restlichen Zwiebeln, dem Zitronenpfeffer und der Zitronenschale verrühren.

5. Das Öl in einer Pfanne erhitzen. Jeweils 2 El von der Möhrenmasse in die Pfanne geben, flachdrücken und von beiden Seiten knusprig braten. Mit der Sauce servieren.

Zubereitungszeit: ca. 45 Minuten
Pro Portion ca.: 1548 kJ/368 kcal,
19 g E, 11 g F, 41 g KH

GEFÜLLTE AUBERGINEN

Für 4 Portionen:

4 kleine Auberginen (à ca. 300 g)
2 Tomaten
200 g Roquefort
1 El frische Basilikum-blätter
Salz
Pfeffer aus der Mühle
4 El Olivenöl
125 ml Instant-Gemüse-brühe
Kräuter zum Garnieren

1. Die Auberginen putzen, waschen und der Länge nach halbieren. Mit einem Löffel das Fruchtfleisch bis auf einen Rand von 1/2 cm herauslösen, in Würfel schneiden und in eine Schüssel geben.
2. Die Tomaten waschen, kreuzweise einritzen, kurz in siedendes Wasser tau-chen, herausnehmen, ab-schrecken, häuten und in Würfel schneiden. Zu den Auberginenwürfeln geben. Den Käse würfeln und ebenfalls dazugeben. Au-berginen- und Tomaten-würfel dann mit dem Käse mischen.
3. Die Basilikumblätter waschen, grob hacken und unter die Käse-Gemüse-Mischung heben. Mit Salz und Pfeffer würzen. 2 El Öl unterrühren und die Auber-ginen mit der Mischung füllen.
4. Eine feuerfeste Form (3 l Inhalt) mit dem rest-lichen Öl ausfetten, die Au-berginen hineinsetzen, die Gemüsebrühe angießen und im vorgeheizten Backofen bei 175°C (Gas Stufe 2/Umluft 160 °C) auf der 2. Einschubleiste von unten ca. 30 Minuten garen. Mit Kräutern gar-niert servieren.

Zubereitungszeit: ca. 50 Minuten
Pro Portion ca. 1560 kJ/371 kcal,
13 g Eiweiß, 28 g Fett,
10 g Kohlenhydrate

Gefüllte Auberginen – ein Gericht, das Erinnerungen an Urlaub am Mittelmeer wachruft.

ROTKOHL AUF POLNISCHE ART

1 kg Rotkohl
3 Zwiebeln
2 Nelken
2 El Rotweinessig
1 Tl Zucker
125 g durchwachsener Speck
125 ml Rinderfond
Salz
Pfeffer aus der Mühle
1/2 Tl gemahlenes Piment
100 g Semmelbrösel
2 hart gekochte Eier

1. Den Rotkohl putzen, waschen und in Sechstel teilen. Eine Zwiebel mit den Nelken bespicken. Reichlich Wasser mit der vorbereiteten Zwiebel, dem Essig und Zucker in einem Topf zum Kochen bringen und den Rotkohl darin ca. 15 Minuten kochen.
2. Die restlichen Zwiebeln schälen und in Würfel schneiden. Den Speck in Würfel schneiden und in einer Kasserolle auslassen. Die Zwiebeln zugeben und andünsten. Den Rotkohl in einem Sieb gut abtropfen lassen und zu den Zwiebeln geben.

3. Das Gemüse mit dem Rinderfond angießen, mit Salz, Pfeffer und Piment würzen und zugedeckt ca. 15 Minuten garen.
4. Die Semmelbrösel ohne Fett in einer Pfanne rösten. Die Eier pellen und klein hacken. Den Rotkohl auf Tellern anrichten und mit den Semmelbröseln und mit den Eiern bestreut servieren.

Zubereitungszeit: 45 Minuten
Pro Portion ca.: 1246 kJ/296 kcal,
30 g E, 10 g F, 30 g KH

Eine originelle Alternative zu gegrilltem Fleisch: Bunte Gemüsespieße mit Käse.

BUNTE GEMÜSE-SPIESSE MIT KÄSE

Für 4 Portionen:

2 rote Paprikaschoten
2 Zucchini (ca. 400 g)
Salz
1 Glas Artischockenherzen
(345 g EW)
100 g Frühstücksspeck in
Scheiben
400 g mittelalter Gouda
2 El Öl
Pfeffer aus der Mühle

1. Die Paprikaschoten putzen, waschen und in grobe Stücke schneiden. Die Zucchini putzen, waschen und in ca. 1 cm dicke Scheiben schneiden. Das Gemüse getrennt jeweils ca. 3 Minuten in kochendem Salzwasser blanchieren und abschrecken.
2. Die Artischockenherzen abtropfen lassen und mit je 1 Scheibe Frühstücksspeck umwickeln. Den Käse anschließend in Würfel schneiden.
3. Paprika und Zucchini abgießen und in einem

Sieb abtropfen lassen. Alle Zutaten abwechselnd auf Spieße stecken, mit Öl bestreichen und mit Salz und Pfeffer würzen.
4. Auf dem heißen Grill rundherum ca. 5 Minuten grillen, bis der Käse beginnt, weich zu werden. Auf Tellern anrichten und sofort servieren. Baguette dazu reichen.

Zubereitungszeit: ca. 20 Minuten
Pro Portion ca. 2254 kJ/536 kcal,
31 g Eiweiß, 37 g Fett,
10 g Kohlenhydrate

MANGOLD-BULETTEN

500 g Mangold
Salz
2 Eier
3 El Semmelbrösel
3 El Haferflocken
Salz
Pfeffer aus der Mühle
frisch geriebene Muskatnuß
2 El Öl
4 Scheiben Leberkäse
3 rote Zwiebeln
2 El Butter
Senf zum Anrichten

1. Mangold putzen, waschen und in Streifen schneiden. In leicht gesalzenem Wasser 8-10 Minuten leicht köcheln lassen. Abgießen, abtropfen lassen und durch den Fleischwolf drehen.
2. Eier, Semmelbrösel und Haferflocken darunter rühren und mit den Gewürzen abschmecken. Die Masse zu 8 Buletten formen.
3. Das Öl in einer Pfanne erhitzen und die Buletten darin 8-10 Minuten braten. Herausnehmen und warm stellen.
4. In dem Bratfett die Leberkäsescheiben von jeder Seite ca. 4 Minuten braten.

5. Die Zwiebeln schälen und in Ringe schneiden. Die Butter in einer Pfanne erhitzen und die Zwiebelringe darin goldbraun rösten.
6. Den Leberkäse auf Teller verteilen, die Buletten darauf geben, die Zwiebelringe darauf verteilen. Mit Senf servieren.

Zubereitungszeit: ca. 45 Minuten
Pro Portion ca.: 2619 kJ/623 kcal,
24 g E, 46 g F, 19 g KH

RUSTIKALE PILZPFANNE

100 g Wiesenchampignons
1 Gemüsezwiebel
100 g durchwachsener Speck
250 g Panhas (Blutwurst mit
Getreide)
Salz
Pfeffer aus der Mühle
3 El Butter
4 Scheiben Pumpernickel
2 El gehackte Petersilie

1. Die Pilze putzen, kurz abbrausen und in Scheiben schneiden. Die Zwiebel schälen und in Ringe schneiden.

2. Den Speck und den Panhas in Würfel schneiden. Die Butter in einer Pfanne erhitzen und den Speck·darin auslassen. Den Panhas dazugeben und kurz anbraten.

3. Die Zwiebeln und die Pilze dazugeben. Mit Salz und Pfeffer abschmecken.

4. Die Pumpernickelscheiben zerbröseln. Die Pilzpfanne auf Tellern anrichten und mit Pumpernickel und Petersilie bestreut servieren.

Zubereitungszeit: ca. 25 Minuten
Pro Portion ca.: 1182 kJ/448 kcal,
17 g E, 33 g F, 12 g KH

SCHMORGURKEN MIT GEMÜSE-HACK-FLEISCHFÜLLUNG

Für 4 Portionen:

1 gelbe Paprikaschote
200 g Tomaten
1 Zwiebel
50 g Butter
250 g gemischtes Hackfleisch
Salz
Pfeffer aus der Mühle
Paprikapulver
100 g Emmentaler
1 Scheibe Weißbrot
1 Eigelb
4 Schmorgurken
200 ml Schlagsahne
200 ml Instant-Gemüsebrühe
Kräuter zum Garnieren

1. Die Paprikaschote putzen, halbieren, entkernen, waschen und in Streifen schneiden.
2. Die Tomaten kreuzweise einritzen, kurz in siedendes Wasser tauchen, abschrecken und häuten. Die Tomaten in Achtel schneiden und entkernen.
3. Die Zwiebel pellen und in Würfel schneiden. Die Butter erhitzen und die Zwiebelwürfel zusammen mit den Paprikastreifen darin andünsten. Das Hackfleisch dazugeben und unter Rühren bröselig anbraten. Mit Salz, Pfeffer und Paprikapulver würzen.

4. Die Tomaten dazugeben und das Ganze zugedeckt ca. 10 Minuten schmoren lassen.
5. Den Käse in Würfel schneiden. Das Weißbrot entrinden und zerbröseln. Beides mit dem Eigelb mischen und unter die Hackfleischmischung rühren. Die Pfanne vom Herd ziehen.
6. Die Gurken putzen, waschen, halbieren, entkernen und aushöhlen. Das herausgelöste Gurkenfleisch in Würfel schneiden und ebenfalls unter die Hackfleischmasse rühren.

7. Die Sahne mit der Brühe mischen und in eine Auflaufform (2 l Inhalt) gießen. Die Gurkenhälften mit der Hackfleischmasse füllen und in die Form setzen. Im vorgeheizten Backofen bei 200°C (Gas Stufe 3/Umluft 180°C) auf der 2. Einschubleiste von unten ca. 45 Minuten garen. Mit Kräutern garniert servieren.

Zubereitungszeit: ca. 1 Stunde
Pro Portion ca. 2758 kJ/656 kcal,
25 g Eiweiß, 49 g Fett,
19 g Kohlenhydrate

KOHLRABI MIT KÄSE-HACKFLEISCH-FÜLLUNG

Für 4 Portionen:

4-6 Kohlrabi (ca. 800 g)
Salz
1 große Zwiebel
250 g gemischtes Hack-
fleisch
Pfeffer aus der Mühle
1 Tl Kümmel
1 Msp. geriebene
Muskatnuß
1 Msp. gemahlener
Koriander
100 g Blauschimmelkäse,
z. B. Gorgonzola
2 El frisch geriebener
Parmesan
Kräuter zum Garnieren

1. Die Kohlrabi putzen, schälen und in leicht gesalzenem Wasser zugedeckt ca. 7 Minuten vorgaren.

2. Die Zwiebel pellen, in Würfel schneiden und mit dem Hackfleisch mischen. Mit den Gewürzen abschmecken. Den Käse kleinschneiden und ebenfalls zu der Hackfleischmasse geben.

3. Die Kohlrabi abgießen, abtropfen lassen, jeweils einen Deckel abschneiden und mit einem Teelöffel die Kohlrabi vorsichtig aushöhlen. Das Innere der Kohlrabi fein hacken, zur Hackfleischmasse geben.

4. Die ausgehöhlten Kohlrabi mit der Hackfleischmasse füllen, mit Parmesan bestreuen, die Deckel aufsetzen und jeweils in Alufolie wickeln. Im vorgeheizten Backofen bei 200°C (Gas Stufe 3/Umluft 180°C) auf der 2. Einschubleiste von unten 15-20 Minuten backen.

5. Die Alufolie entfernen, die Kohlrabi auf Tellern anrichten, die Deckel aufsetzen und mit Kräutern garniert servieren.

Zubereitungszeit: ca. 40 Minuten
Pro Portion ca. 1535 kJ/365 kcal,
23 g Eiweiß, 23 g Fett,
9 g Kohlenhydrate

Schnell und einfach zubereitet: Kohlrabi mit würziger Gorgonzola-Hackfleisch-Füllung.

PAPRIKASCHOTEN MIT PIKANTER REISFÜLLUNG

Für 4 Portionen:

200 g Vollkornreis
Salz
2 rote Paprikaschoten
1 Bund Lauchzwiebeln
100 g Salami im Stück
2 El Öl
150 ml Instant-Gemüse-
brühe
3 El Frischkäse
Pfeffer aus der Mühle
Paprikapulver
100 g geraspelter Emmen-
taler
1 Bund Petersilie

1. Den Reis in reichlich kochendem Salzwasser in ca. 30 Minuten gar kochen. Inzwischen die Paprika-schoten der Länge nach halbieren, putzen, entker-nen und waschen. Die Lauchzwiebeln putzen, waschen und in Ringe schneiden. Die Salami häuten und würfeln.
2. Das Öl in einer Pfanne erhitzen und die Lauch-zwiebeln darin glasig dün-sten. Mit 50 ml Brühe ablö-schen und weitere 3 Minu-ten dünsten. Den Frischkä-se unterrühren und dann alles mit Salz, Pfeffer und Paprikapulver pikant ab-schmecken.

3. Den Reis abgießen, ab-tropfen lassen und mit den Salamiwürfeln zu den Zwiebeln geben. Alles ver-mischen.
4. Die Paprikahälften mit der Reis-Mischung füllen und mit dem geraspelten Emmentaler bestreuen. Die Paprikaschoten in eine feuerfeste Form (ca. 3 l In-halt) setzen und die restli-che Brühe angießen.
5. Die Petersilie waschen, trockenschütteln, bis auf einen kleinen Rest zum Garnieren grob hacken und in die Brühe streuen. Die Paprikaschoten im vor-geheizten Backofen bei 200°C (Gas Stufe 3/Umluft

180°C) auf der 2. Ein-schubleiste von unten 15-20 Minuten garen. Mit der restlichen Petersilie bestreut servieren.

Zubereitungszeit: ca. 50 Minuten
Pro Portion ca. 2222 kJ/529 kcal,
22 g Eiweiß, 25 g Fett,
44 g Kohlenhydrate

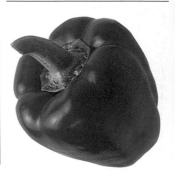

Dekorativ und schmackhaft: Paprikaschoten mit pikanter Reisfüllung, überbacken mit Emmentaler.

Weinblätter mal anders gefüllt: mit pikanter Kartoffel-Schmand-Creme.

Die Weinblätter auf einer Arbeitsplatte ausbreiten und jeweils 2 übereinanderlegen.

Mit einem Löffel jeweils 2-3 Portionen von der Käsecreme auf die Mitte der Weinblätter geben.

Die Weinblätter zusammenlegen und mit den Fingern etwas andrücken.

Die gefüllten Weinblätter nebeneinander in eine Form geben.

WEINBLÄTTER MIT KÄSE-SCHMAND-FÜLLUNG

Für 4 Portionen:

1 kg Kartoffeln
Salz
2 Tomaten
2 Schalotten
1 Knoblauchzehe
200 g Schmand
Salz
Pfeffer aus der Mühle
150 g Pecorino
(italienischer Hartkäse)
1 Bund gemischte Kräuter
(Basilikum, Thymian,
Oregano)
1 Packung eingelegte
Weinblätter (240 g)
Butter für die Form
2 El Öl

1. Die Kartofffeln waschen und in der Schale in nur wenig Salzwasser ca. 20 Minuten kochen.
2. Die Tomaten kreuzweise einritzen, kurz in siedendes Wasser tauchen, herausnehmen, abschrecken, häuten, vierteln, entkernen und in Würfel schneiden.
3. Die Schalotten und den Knoblauch pellen und fein würfeln.
4. Den Schmand mit den Tomatenwürfeln, den Schalotten und dem Knoblauch verrühren. Mit Salz und Pfeffer kräftig abschmecken.
5. Den Käse fein reiben und unter den Schmand rühren.
6. Die Kartoffeln abgießen, pellen, halbieren und grob zerstampfen. Den Kartoffelbrei unter die Schmandcreme rühren.

7. Die Kräuter waschen, trockenschütteln und, bis auf ein paar Kräuter zum Garnieren, fein hacken. Zur Creme geben und unterrühren.
8. Die Weinblätter abtropfen lassen und jeweils etwas Creme auf die Weinblätter geben. Die Weinblätter wie beschrieben zu Kugeln formen und in eine gefettete Auflaufform (2 l Inhalt) legen.
9. Die gefüllten Weinblätter mit etwas Öl beträufeln und im vorgeheizten Backofen bei 225°C (Gas Stufe 4/Umluft 220°C) auf der 2. Einschubleiste 15-20 Minuten backen. Mit Kräutern garniert servieren.

Zubereitungszeit: ca. 45 Minuten
Pro Portion ca. 2446 kJ/582 kcal,
18 g Eiweiß, 31 g Fett,
48 g Kohlenhydrate

FENCHELKNOLLEN MIT FRUCHTIGER KÄSEFÜLLUNG

Für 4 Portionen:

4 Fenchelknollen (ca. 800g)
2 Mangos
300 g reifer Brie
Salz
100 g Macadamia-Nüsse
Pfeffer aus der Mühle

1. Den Fenchel putzen und waschen. Das Fenchelgrün zum Garnieren zurückbehalten. Die Fenchelknollen in wenig Salzwasser ca. 10 Minuten vorgaren. Abgießen und abtropfen lassen.

2. Von den Fenchelknollen einen Deckel abschneiden und das Innere wie links beschrieben aushöhlen.

3. Die Mangos schälen, halbieren, das Fruchtfleisch in Spalten vom Kern, dann in Würfel schneiden. Die Hälfte der Mangowürfel und den in Stücke geschnittenen Brie in eine Schüssel geben und mit dem Schneidstab des Handrührers pürieren. Die restlichen Mangowürfel und die Fenchelstücke unterheben. Mit Salz abschmecken.

4. Die Fenchelknollen mit der Mango-Käse-Masse füllen. Die Macadamia-Nüsse fein hacken und die Fenchelknollen damit bestreuen. Mit Pfeffer würzen.

5. Die Fenchelknollen auf ein mit Backpapier ausgelegtes Backblech setzen und im vorgeheizten Backofen bei 200°C (Gas Stufe 3/Umluft 180°C) auf der 2. Einschubleiste von unten ca. 10 Minuten backen.

6. Nach Ende der Backzeit die Fenchelknollen auf einer Platte anrichten und mit dem Fenchelgrün garniert servieren.

Zubereitungszeit: ca. 35 Minuten
Pro Portion ca. 2334 kJ/555 kcal,
21 g Eiweiß, 36 g Fett,
29 g Kohlenhydrate

Die Fenchelknollen mit einer Schaumkelle in kochendes, leicht gesalzenes Wasser geben.

Die Fenchelknolle mit einem spitzen Messer bis auf einen Rand von ca. 1/2 cm aushöhlen. Das Innere anschließend in kleine Stücke schneiden.

PAPRIKA-PFANNE
MIT GAMBAS

1 rote Paprikaschote
1 gelbe Paprikaschote
1 grüne Paprikaschote
1 Zwiebel
1 Knoblauchzehe
1 mittelgroßer Zucchino
20 g Butterschmalz
2 Tomaten
12 Gambas (Riesengarnelen)
Salz, Pfeffer a. d. Mühle
2 El Zitronensaft
1 Bd. Basilikum, gehackt

1. Den Paprika putzen, halbieren, vom Kerngehäuse befreien, waschen und in Streifen schneiden.
2. Die Zwiebel schälen und in Ringe schneiden. Die Knoblauchzehe pellen und klein hacken. Zucchino putzen und in Würfel schneiden.
3. Das Butterschmalz in einer Pfanne erhitzen, die Zwiebeln darin andünsten. Den Paprika, Knoblauch und Zucchini dazugeben.
4. Tomaten kreuzweise einschneiden, kurz in siedendes Wasser tauchen, enthäuten und in Spalten schneiden. Tomaten und Gambas zu dem Paprika geben. Mit Salz, Pfeffer und Zitronensaft würzen.

5. Das Basilikum über die Gemüsepfanne streuen. Die Gemüsepfanne auf Tellern anrichten.

Zubereitungszeit: ca. 40 Minuten
Pro Portion ca.: 1202 kJ/286 kcal,
31 g E, 8 g F, 15 g KH

SPARGELPLATTE MIT KÄSE-PESTO

Für 4 Portionen:

400 g weißer Spargel
400 g grüner Spargel
Salz
Zucker
50 g Kürbiskerne
2 Bund Basilikum
100 g fein geriebener alter Gouda
2 Knoblauchzehen
Pfeffer aus der Mühle
8 El Distelöl
75 g gekochter Schinken
75 g roher Schinken

1. Den Spargel putzen, waschen und schälen (den grünen Spargel nur am unteren Ende schälen) und weißen und grünen Spargel getrennt in reichlich kochendes Salzwasser mit etwas Zucker geben. Bei mittlerer Hitze den grünen Spargel ca. 12, den weißen ca. 16 Minuten garen.

2. Die Kürbiskerne fein mahlen oder hacken. Das Basilikum waschen, trockenschütteln und, bis auf einen kleinen Rest zum Garnieren, fein hacken.

3. Gemahlene Kürbiskerne, Basilikum und geriebenen Käse in eine kleine Schüssel geben, die Knoblauchzehen pellen und dazupressen, alles vermischen und mit Salz und Pfeffer würzen. Das Öl unterrühren.

4. Den Spargel mit einer Schaumkelle aus dem Topf nehmen, abtropfen lassen und zusammen mit dem gekochten und dem rohen Schinken auf einer Platte anrichten. Das Pesto über den Spargel verteilen, mit Basilikum garnieren und sofort servieren. Dazu passen Salzkartoffeln.

Zubereitungszeit: ca. 40 Minuten
Pro Portion ca. 2745 kJ/653 kcal,
32 g Eiweiß, 54 g Fett,
8 g Kohlenhydrate

Von der italienischen Küche inspiriert: Spargel grün-weiß mit Pesto.

148

BROKKOLI MIT BIRNEN

1 kg Brokkoli
150 g Lauch
80 g Butter
1/4 l Hühnerbrühe
3 feste Birnen
2 El Semmelbrösel
40 g gehackte Mandeln
Salz
Zitronenpfeffer
1 Tl gemahlenes Piment

1. Brokkoli waschen, putzen und die einzelnen Röschen abtrennen. Den Lauch putzen, in Ringe schneiden und waschen.

2. 2 El Butter in einem Topf erhitzen, den Lauch darin andünsten und die Brokkoli-röschen dazugeben. Das Ganze ca. 3 Minuten garen.

3. Die Hühnerbrühe angießen und alles ca. 8 Minuten im geschlossenen Topf köcheln lassen.

4. Die Birnen waschen, halbieren, das Kerngehäuse entfernen, die Birnen in Spalten schneiden und ca. 4 Minuten vor Ende der Garzeit zum Brokkoli geben.

5. Die restliche Butter in einer Pfanne erhitzen, Semmelbrösel und Mandeln darin goldbraun rösten.

6. Den Brokkoli mit Salz, Zitronenpfeffer und Piment abschmecken. Das Gericht mit den Semmelbröseln und den gehackten Mandeln bestreut servieren.

Zubereitungszeit: ca. 20 Minuten
Pro Portion ca.: 1583 kJ/377 kcal,
12 g E, 23 g F, 26 g KH

ÜBERBACKENER CHICORÉE IM SCHINKENMANTEL

Für 4 Portionen:

*4 Chicoréestauden
(à ca. 250 g)
Salz
1 Bund Schnittlauch
1 El eingelegte Pfeffer-
körner
200 g Bratwurstbrät
4 Scheiben gekochter
Schinken
Butter für die Form
1/2 Bund Petersilie
125 ml Schlagsahne
100 g geriebener Gouda*

1. Den Chicorée putzen, waschen und den Strunk keilförmig herausschneiden. Die Chicoréestauden ca. 5 Minuten in leicht gesalzenem Wasser blanchieren. In ein Sieb geben und abtropfen lassen, das Kochwasser auffangen.
2. Den Schnittlauch waschen, trockenschütteln, in Röllchen schneiden und mit den Pfefferkörnern zu dem Brät geben. Alles gut vermengen.
3. Die Schinkenscheiben auf eine Arbeitsplatte legen und mit der Fleisch-Kräuter-Masse bestreichen. Die Chicoréestauden mit je einer Schinkenscheibe umwickeln.
4. Eine feuerfeste Form (4 l Inhalt) mit Butter ausfetten. Die Chicoréestauden hineinlegen und im vorgeheizten Backofen bei 220°C (Gas Stufe 4/Umluft 200°C) auf der 2. Einschubleiste von unten ca. 5 Minuten garen.
5. Die Petersilie waschen, trockenschütteln und fein hacken. Die Sahne mit 125 ml Chicoréebrühe und dem geriebenen Käse verrühren. Die Sauce über den Chicorée gießen. Petersilie darüber streuen und den Chicorée weitere 10 Minuten überbacken. Salzkartoffeln dazu reichen.

Zubereitungszeit: ca. 25 Minuten
Pro Portion ca. 1795 kJ/427 kcal,
26 g Eiweiß, 31 g Fett,
4 g Kohlenhydrate

Eine besonders raffinierte Art, das beliebte Chicoréegemüse zuzubereiten.

GEFÜLLTE GEMÜSE-ZWIEBELN

Für 4 Portionen:

80 g Weizenkörner
350 ml Instant-Gemüse-
brühe
4 Gemüsezwiebeln
(à ca. 250 g)
Salz
100 g Emmentaler
1 Knoblauchzehe
1 Bund Petersilie
1 Ei
Pfeffer aus der Mühle
Kräuter zum Garnieren

1. Die Weizenkörner am Vortag in Wasser einweichen. Weizenkörner am nächsten Tag kurz unter fließendem Wasser abspülen und in einem Topf mit der Gemüsebrühe zum Kochen bringen. Die Weizenkörner zugedeckt bei milder Hitze ca. 1 Stunde ausquellen lassen.

2. Die Gemüsezwiebeln pellen und in wenig Salzwasser 5 Minuten kochen, abtropfen lassen. Von den Zwiebeln einen Deckel abschneiden und die Zwiebeln so aushöhlen, daß noch 2-3 Schichten der Außenhülle bestehen bleiben. Das ausgelöste Zwiebelfleisch und die Deckel in Würfel schneiden.

3. Den Käse ebenfalls in Würfel schneiden. Die Knoblauchzehe pellen und durchpressen. Die Petersilie waschen, trockenschütteln und fein hacken.

4. Zwiebelwürfel, Weizenkörner, Käse, Knoblauch und Petersilie in eine Schüssel geben mit dem Ei vermischen. Das Ganze mit Salz und Pfeffer kräftig abschmecken.

5. Die Masse in die Zwiebeln füllen und im vorgeheizten Backofen bei 250°C (Gas Stufe 6/Umluft 225°C) auf der unteren Einschubleiste ca. 10 Minuten backen. Die Zwiebeln mit Kräutern garniert servieren.

Zubereitungszeit (ohne Einweichzeit): ca. 1 1/4 Stunden
Pro Portion ca. 1335 kJ/318 kcal,
24 g Eiweiß, 11 g Fett,
26 g Kohlenhydrate

Gemüsezwiebeln kann man auf unterschiedlichste Art füllen – probieren Sie doch mal diese vollwertige Variante.

GEFÜLLTE ROTE BETE

4 Rote-Bete-Knollen
250 ml Kalbsfond
500 g Lammhackfleisch
1 Schalotte, gewürfelt
2 Knoblauchzehen, gehackt
1 Zw. Rosmarin, gehackt
2 Zw. Thymian, gehackt
1 Ei
2 El Magerquark
Salz, Pfeffer a. d. Mühle
Butter für die Form
100 g Schafskäse

1. Die Roten Beten putzen, waschen, schälen und in dem Kalbsfond ca. 10 Minuten garen.
2. Hackfleisch mit der Schalotte, dem Knoblauch, den Kräutern, dem Ei und dem Magerquark verkneten. Mit Salz und Pfeffer würzen.
3. Die Roten Beten abtropfen lassen, einen Deckel abschneiden und bis auf einen ca. 1 cm breiten Rand aushöhlen. Das Fruchtfleisch unter das Hackfleisch kneten.
4. Den Backofen auf 180 °C vorheizen. Die Roten Beten mit der Masse füllen. Den Käse zerbröseln und darüber streuen. Eine ofenfeste Form mit Butter ausstreichen.

5. Die Roten Beten in die Form setzen und auf der mittleren Einschubleiste ca. 30 Minuten backen.

Zubereitungszeit: ca. 50 Minuten
Pro Portion ca.: 2437 kJ/580 kcal,
35 g E, 36 g F, 17,5 g KH

PIKANTES GEMÜSE-CHILI

200 g rote Bohnen
1 Thymianzweig
1/2 Bd. Basilikum
1 rote Zwiebel, Salz
1 rote Paprikaschote
1 Zucchino
1 Knoblauchzehe, gehackt
2 El Butter
1 Dose Tomaten (450 g)
2 Tl Chilipulver
Cayennepfeffer, Tabasco

1. Die Bohnen über Nacht mit Wasser bedeckt einweichen.
2. Thymian und Basilikum waschen, trockenschütteln und die Blättchen abzupfen. Zwiebel schälen und in Stücke schneiden. Bohnen mit frischem Wasser aufsetzen und mit den Kräutern und Zwiebelstücken mit Salz 1-2 Stunden weich kochen.
3. Die Paprikaschote putzen, waschen und würfeln. Zucchino waschen, putzen und würfeln.
4. Butter in einem Topf erhitzen und Paprika, Zucchino und Knoblauch darin andünsten.

5. Mit den Tomaten auffüllen. Die Bohnen in ein Sieb abgießen. Bohnen und Kräuter zu dem Gemüse geben. Das Ganze mit Chilipulver, Salz, Cayennepfeffer und Tabasco kräftig abschmecken.

Zubereitungszeit: ca. 3 Stunden
Pro Portion ca.: 1182 kJ/281 kcal,
14 g E, 9 g F, 30 g KH

DINKEL-CHILI-PUFFER

Für 4 Portionen:

200 g Dinkel
1/4 l Instant-Gemüsebrühe
3 rote Paprikaschoten
2 Chilischoten
Salz
1 Zwiebel
200 g Zucchini
2 Eier
4 El Paniermehl
100 g Gouda
Cayennepfeffer
50 ml Öl
Paprikapulver

1. Den Dinkel waschen und zusammen mit der Gemüsebrühe zum Kochen bringen. Bei milder Hitze zugedeckt ca. 20 Minuten ausquellen lassen.

2. Die Paprika- und die Chilischoten putzen, halbieren, entkernen, waschen und in grobe Stücke schneiden. Zusammen in wenig Salzwasser zugedeckt ca. 10 Minuten dünsten. Abgießen und mit dem Schneidstab des Handrührers fein pürieren.

3. Die Zwiebel pellen, die Zucchini putzen und waschen, beides grob reiben. Mit den Eiern und dem Paniermehl verrühren.

4. Den Käse in kleine Würfel schneiden und mit dem Dinkel unter die Gemüse-Eier-Mischung heben. Die Masse mit Salz und Cayennepfeffer kräftig abschmecken.

5. Etwas Öl in einer Pfanne erhitzen und aus dem Teig portionsweise kleine Puffer knusprig ausbraten. Die Puffer auf Küchenpapier abtropfen lassen.

6. Das Paprika-Chili-Püree mit Salz, Cayennepfeffer und Paprikapulver abschmecken und als Sauce zu den Dinkelpuffern servieren.

Zubereitungszeit: ca. 45 Minuten
Pro Portion ca. 1404 kJ/334 kcal,
12 g Eiweiß, 25 g Fett,
10 g Kohlenhydrate

Korngesund: Puffer aus Getreide, Gemüse und Gouda.

Der Pecorino rundet das Gemüsegericht mit der sahnigen Pilzsauce pikant ab.

SPITZKOHL MIT STEINPILZEN UND PECORINO

Für 4 Portionen:

30 g getrocknete Steinpilze
1 Bund Petersilie
1 Zwiebel
2 El Butter
150 g Crème double
Salz
Pfeffer aus der Mühle
700 g Spitzkohl
200 g Fleischtomaten
100 g geriebener Pecorino
(italienischer Hartkäse)

1. Die Steinpilze in 125 ml kaltem Wasser ca. 30 Minuten einweichen. Die Petersilie waschen, trockenschütteln und, bis auf einen kleinen Rest zum Garnieren, kleinhacken. Die Zwiebel pellen und in Würfel schneiden.
2. Die Butter in einer Pfanne erhitzen und die Zwiebelwürfel darin glasig dünsten. Petersilie und ausgedrückte Steinpilze dazugeben und andünsten. Mit dem Einweichwasser der Steinpilze ablöschen und die Crème

double unterrühren. Mit Salz und Pfeffer würzen. Alles bei milder Hitze zugedeckt ca. 5-10 Minuten köcheln lassen.
3. Den Spitzkohl putzen, waschen, vierteln und den Strunk herausschneiden. Den Kohl in reichlich kochendem Salzwasser ca. 15 Minuten garen.
4. Inzwischen die Tomaten waschen, kreuzweise einritzen, kurz in siedendes Wasser tauchen, abschrecken, häuten, vierteln, entkernen und in Würfel schneiden. Die Toma-

tenwürfel in die Steinpilzsauce geben und kurz aufkochen lassen.
5. Den Spitzkohl abgießen, abtropfen lassen und auf einer Platte anrichten. Die Sauce darübergießen, mit Pecorino und Petersilie bestreuen und sofort servieren. Dazu passen Kartoffelkroketten.

Zubereitungszeit: ca. 45 Minuten
Pro Portion ca. 1452 kJ/345 kcal,
14 g Eiweiß, 25 g Fett,
11 g Kohlenhydrate

REZEPTVERZEICHNIS

Snacks und Salate

Zwiebelsalat mit Roquefort 8
Gemüse-Tacos mit Käse-Kräuter-Creme 9
Bulgarischer Bauernsalat 10
Morchel-Oliven-Pfännchen 11
Spargel-Terrine 12
Marinierte Schwarzwurzeln 13
Gebackene Maiskolben 14
Spanische Pasteten 15
Herzhafter Rohkostsalat 16
Chicoréesalat mit Mandarinen-Honig-Dressing 17
Glasierte Möhren mit pikanter Sauce 18
Pikanter Brotaufstrich 19
Tomaten-Crêpes 20
Spinatmousse 21
Gaperon auf marinierten Pilzen 22
Linsensalat 23
Zuckerschoten mit Rindfleisch 24
Süß-saure Rote Bete 25
Artischockenplätzchen 26
Gebackene Schwarzwurzeln mit Salbeisauce 27
Apfel-Sellerie-Salat 28
Süß-saures Gemüse mit Schafskäse 29
Käse-Rosenkohl-Salat 30
Paprikamousse 31
Knusprige Fencheltaler 32
Schwarzwurzelsalat 33
Frühlingssalat 34
Herzhafter Spinat 35
Exotic-Salat 36
Feine Gemüsesülze 37
Blumenkohltopf 40

Suppen und Eintöpfe

Linsen-Curry 41
Klößchensuppe mit Rotkohl 42
Feine Erbsensuppe 43
Spargelcreme-Suppe 44
Mangoldsuppe mit Schafskäse 45
Polnisches Kraut 46
Flämische Brokkolisuppe 47
Sellerie-Cremesuppe 48
Tomatensuppe mit Käsenocken 49
Fruchtiger Kichererbsentopf 50
Enteneintopf mit Kürbis 51
Überbackene Zwiebelsuppe 52
Rumford-Suppe 53
Scharfe Linsensuppe 54
Geschmorte Linsen auf Kanarische Art 55
Budapester Suppentopf 56
Erbseneintopf 57

Aufläufe und Gratins

Anatolischer Bohnenauflauf 60
Chinakohl-Käse-Soufflé 61
Sellerie-Gratin mit Curry mit Früchten 62
Fenchel mit Mandelkruste 63
Raffinierter Chinakohl-Auflauf 64
Sommer-Baguette 65
Blumenkohl-Nudel-Auflauf 66
Möhren-Linsen-Gratin vom Blech 67
Avocado-Auflauf 68
Überbackener Brokkoli mit Roquefortsahne 69
Sellerie-Gratin mit Nüssen und Äpfeln 70
Moussaka 71
Pikantes Sellerie-Gratin 72
Porreeauflauf 73
Knuspriges Gratin 74
Gratinierte Paprikamuscheln 75
Brokkoli-Schinken-Auflauf 76
Knuspriger Rosenkohl 77

Gerichte mitReis und Nudeln

Reisbällchen auf Wirsinggemüse 80
Nudelpfanne 81
Überbackene Tomaten auf Bandnudeln 82
Pochierte Eier auf Gemüse 83
Penne mit Auberginen und Tomatensauce 84
Bunte Gemüselasagne 85
Cannelloni mit Wildkräuter-Käse-Füllung 86
Spinatlasagne 87
Spinat-Risotto mit Krabben und Pecorino 88
Gemüse-Reis-Kroketten 89
Fenchel auf Tomatenreis 90
Überbackener Gemüsereis 91
Hausgemachte Mangoldspätzle 92
Pikanter Gemüsereis mit Käse 93
Nudeln auf Bauernart 94
Spitzkohl auf asiatische Art 95
Hörnchen mit Käse-Fenchel-Sauce 96
Feine Reisbällchen 97
Überbackene Reis-Spinat-Puffer 98
Cannelloni mit Gemüsefüllung 99

Pikante Kuchen

Bohnenkuchen mit Käse 102
Gemüsetarte 103
Scharfer Linsen-Strudel 104
Brokkoli-Quiche 105
Lauch-Quiche 106
Texanischer Bataten-Kuchen 107
Lauch-Käse-Krapfen 108
Champagner-Kraut-Strudel 109
Gemüsetaschen 110
Gemüsepie mit Mascarpone 111
Zwiebel-Schinken-Schnecken 112
Pikante Bohnen-Tarte 113
Pikante Linsentarte 114
Bohnen-Mais-Schnitten 115
Gemüse-Salami-Pizza mit Ricotta 116
Spinatwaffeln 117
Blätterteigtaschen 118
Maronen-Käse-Wähe 119
Scones mit Avocado-Creme 120
Teigherzen mit Spinatfüllung 121

Hauptsache Gemüse

Sahniges Spargelragout 124
Asiatischer Steckrüben-Teller 125
Zucchini auf sizilianische Art 126
Karlsbacher Zwiebeln mit feiner Füllung 127
Gelderländer Zwiebelrolle 128
Gefüllte Paprikaschoten 129
Knackiges Gemüse mit Frischkäse-Creme 130
Schnelle Gemüsespieße 131
Münsterländer Spargelteller 132
Gebackenes Gemüse 133
Auberginen nach albanischer Art 134
Gegrilltes Gemüse 135
Bunte Möhrenbratlinge 136
Gefüllte Auberginen 137
Rotkohl auf polnische Art 138
Bunte Gemüsespieße mit Käse 139
Mangold-Buletten 140
Rustikale Pilzpfanne 141
Schmorgurken mit Gemüse-Hackfleischfüllung 142

Kohlrabi mit Käse-Hackfleischfüllung 143
Paprikaschoten mit pikanter Reisfüllung 144
Weinblätter mit Käse-Schmandfüllung 145
Fenchelknollen mit fruchtiger Käsefüllung 146
Paprika-Pfanne mit Gambas 147
Spargelplatte mit Käse-Pesto 148
Brokkoli mit Birnen 149
Überbackener Chicorée im Schinkenmantel 150
Gefüllte Gemüsezwiebeln 151
Gefüllte Rote Bete 152
Pikantes Gemüse-Chili 153
Dinkel-Chili-Puffer 154
Spitzkohl mit Steinpilzen und Pecorino 155

REZEPTVERZEICHNIS

Rezepte nach Alphabet

A

Anatolischer Bohnenauflauf 60
Apfel-Sellerie-Salat 28
Artischockenplätzchen 26
Asiatischer Steckrüben-Teller 125
Auberginen nach albanischer Art 134
Auberginen, gefüllte 137
Avocado-Auflauf 68

B

Bataten-Kuchen, texanischer 107
Bauernsalat, bulgarischer 10
Blätterteigtaschen 118
Blumenkohl-Nudel-Auflauf 66
Blumenkohltopf 40
Bohnenauflauf, anatolischer 60
Bohnenkuchen mit Käse 102
Bohnen-Mais-Schnitten 115
Bohnen-Tarte, pikante 113
Brokkoli mit Birnen 149
Brokkoli mit Roquefortsahne,
überbackener 69
Brokkoli-Quiche 105
Brokkoli-Schinken-Auflauf 76
Brokkolisuppe, flämische 47
Brotaufstrich, pikanter 19
Budapester Suppentopf 56
Bulgarischer Bauernsalat 10
Bunte Gemüselasagne 85
Bunte Gemüsespieße mit Käse 139
Bunte Möhrenbratlinge 136

C

Cannelloni mit Gemüsefüllung 99
Cannelloni mit Wildkräuter-
Käse-Füllung 86
Champagner-Kraut-Strudel 109
Chicorée im Schinkenmantel,
überbackener 150
Chicoréesalat mit Mandarinen-
Honig-Dressing 17
Chinakohl-Auflauf, raffinierter 64
Chinakohl-Käse-Soufflé 61

D

Dinkel-Chili-Puffer 154

E

Eier auf Gemüse, pochierte 83
Enteneintopf mit Kürbis 51
Erbseneintopf 57
Erbsensuppe, feine 43
Exotic-Salat 36

F

Feine Erbsensuppe 43
Feine Gemüsesülze 37
Feine Reisbällchen 97
Fenchel auf Tomatenreis 90
Fenchel mit Mandelkruste 63
Fenchelknollen mit fruchtiger
Käsefüllung 146
Fencheltaler, knusprige 32
Flämische Brokkolisuppe 47
Fruchtiger Kichererbsentopf 50
Frühlingssalat 34

G

Gaperon auf marinierten Pilzen 22
Gebackene Maiskolben 14
Gebackene Schwarzwurzeln
mit Salbeisauce 27
Gebackenes Gemüse 133
Gefüllte Auberginen 137
Gefüllte Gemüsezwiebeln 151
Gefüllte Paprikaschoten 129
Gefüllte Rote Bete 152
Gegrilltes Gemüse 135
Gelderländer Zwiebelrolle 128
Gemüse mit Frischkäse-Creme,
knackiges 130
Gemüse mit Schafskäse,
süß-saures 29
Gemüse, gebackenes 133
Gemüse, gegrilltes 135
Gemüse-Chili, pikantes 153
Gemüselasagne, bunte 85
Gemüsepie mit Mascarpone 111
Gemüsereis mit Käse, pikanter 93
Gemüsereis, überbackener 91
Gemüse-Reis-Kroketten 89
Gemüse-Salami-Pizza mit Ricotta ... 116
Gemüsespieße mit Käse, bunte 139
Gemüsespieße, schnelle 131
Gemüsesülze, feine 37
Gemüse-Tacos
mit Käse-Kräuter-Creme 9
Gemüsetarte 103
Gemüsetaschen 110
Gemüsezwiebeln, gefüllte 151
Geschmorte Linsen
auf Kanarische Art 55
Glasierte Möhren
mit pikanter Sauce 18
Gratin, knuspriges 74
Gratinierte Paprikamuscheln 75

H

Hausgemachte Mangoldspätzle 92
Herzhafter Rohkostsalat 16
Herzhafter Spinat 35
Hörnchen mit Käse-Fenchel-Sauce . 96

K

Karlsbacher Zwiebeln mit feiner
Füllung.. 127
Käse-Rosenkohl-Salat....................... 30
Kichererbsentopf, fruchtiger 50
Klößchensuppe mit Rotkohl 42
Knackiges Gemüse mit
Frischkäse-Creme 130
Knusprige Fencheltaler 32
Knuspriger Rosenkohl....................... 77
Knuspriges Gratin 74
Kohlrabi mit Käse-
Hackfleischfüllung 143
Kraut, polnisches............................. 46

L

Lauch-Käse-Krapfen 108
Lauch-Quiche.................................. 106
Linsen auf Kanarische Art,
geschmorte 55
Linsen-Curry.................................... 41
Linsensalat 23
Linsen-Strudel, scharfer 104
Linsensuppe, scharfe 54
Linsentarte, pikante......................... 114

M

Maiskolben, gebackene.................... 14
Mangold-Buletten 140
Mangoldspätzle, hausgemachte 92
Mangoldsuppe mit Schafskäse 45
Marinierte Schwarzwurzeln............. 13
Maronen-Käse-Wähe 119
Möhren mit pikanter Sauce,
glasierte.. 18
Möhrenbratlinge, bunte 136
Möhren-Linsen-Gratin vom Blech 67
Morchel-Oliven-Pfännchen.............. 11
Moussaka.. 71
Münsterländer Spargelteller 132

N

Nudeln auf Bauernart....................... 94
Nudelpfanne 81

P

Paprikamousse................................ 31
Paprikamuscheln, gratinierte........... 75
Paprika-Pfanne mit Gambas 147
Paprikaschoten mit pikanter
Reisfüllung....................................... 144
Paprikaschoten, gefüllte 129
Pasteten, spanische 15
Penne mit Auberginen
und Tomatensauce 84
Pikante Bohnen-Tarte....................... 113
Pikante Linsentarte 114
Pikanter Brotaufstrich 19
Pikanter Gemüsereis mit Käse 93
Pikantes Gemüse-Chili..................... 153
Pikantes Sellerie-Gratin 72

Pilzpfanne, rustikale 141
Pochierte Eier auf Gemüse.............. 83
Polnisches Kraut 46
Porreeauflauf................................... 73
Porree-Kartoffelgratin 176

R

Raffinierter Chinakohl-Auflauf 64
Reisbällchen auf Wirsinggemüse..... 80
Reisbällchen, feine 97
Reis-Spinat-Puffer, überbackene 98
Rohkostsalat, herzhafter 16
Rosenkohl, knuspriger 77
Rote Bete, gefüllte........................... 152
Rote Bete, süß-saure 25
Rotkohl auf polnische Art 138
Rumford-Suppe 53
Rustikale Pilzpfanne......................... 141

S

Sahniges Spargelragout................... 124
Scharfe Linsensuppe....................... 54
Scharfer Linsen-Strudel 104
Schmorgurken mit Gemüse-
Hackfleischfüllung 142
Schnelle Gemüsespieße 131
Schwarzwurzeln mit Salbeisauce,
gebackene....................................... 27
Schwarzwurzeln, marinierte 13
Schwarzwurzelsalat......................... 33
Scones mit Avocado-Creme............. 120
Sellerie-Cremesuppe 48
Sellerie-Gratin mit Curry
mit Früchten 62
Sellerie-Gratin mit Nüssen
und Äpfeln 70
Sellerie-Gratin, pikantes 72
Sommer-Baguette 65
Spanische Pasteten 15
Spargelcreme-Suppe 44
Spargelplatte mit Käse-Pesto........... 148
Spargelragout, sahniges 124
Spargelteller, Münsterländer 132
Spargel-Terrine............................... 12
Spinat, herzhafter........................... 35
Spinatlasagne.................................. 87
Spinatmousse.................................. 21
Spinat-Risotto mit Krabben
und Pecorino 88
Spinatwaffeln.................................. 117
Spitzkohl auf asiatische Art............. 95
Spitzkohl mit Steinpilzen
und Pecorino 155
Steckrüben-Teller, asiatischer 125
Suppentopf, Budapester.................. 56
Süß-saure Rote Bete 25
Süß-saures Gemüse
mit Schafskäse................................ 29

T

Teigherzen mit Spinatfüllung........... 121
Texanischer Bataten-Kuchen 107

Tomaten auf Bandnudeln,
überbackene.................................... 82
Tomaten-Crêpes.............................. 20
Tomatensuppe mit Käsenocken 49

U

Überbackene Reis-Spinat-Puffer...... 98
Überbackene Tomaten
auf Bandnudeln 82
Überbackene Zwiebelsuppe............. 52
Überbackener Brokkoli
mit Roquefortsahne.......................... 69
Überbackener Chicorée
im Schinkenmantel.......................... 150
Überbackener Gemüsereis 91

W

Weinblätter mit
Käse-Schmandfüllung 145

Z

Zucchini auf sizilianische Art........... 126
Zuckerschoten mit Rindfleisch 24
Zwiebeln mit feiner Füllung,
Karlsbacher 127
Zwiebelrolle, Gelderländer 128
Zwiebelsalat mit Roquefort 8
Zwiebel-Schinken-Schnecken......... 112
Zwiebelsuppe, überbackene 52